あらまし と Q&A でわかる

ハラスメント対策

弁護士　大橋さやか ［編著］

弁護士　大下良仁
北川展子
澁谷展由
宗宮英恵 ［著］

一般社団法人　金融財政事情研究会

はしがき

　パワハラ、セクハラ、マタハラなどの職場でのハラスメントの問題は、年々増え続けています。正確には、一昔前には顕在化してこなかった問題も、時代とともに顕在化するようになってきたというのが実態かもしれません。

　2018年度に都道府県労働局に寄せられた労働相談では、民事上の個別労働紛争の相談件数、助言・指導の申出件数、およびあっせんの申請件数のすべてにおいて、「いじめ・嫌がらせ」の件数が過去最高となりました。

　また、職場外の顧客から従業員に対してなされるカスハラ（カスタマーハラスメント）による問題も最近徐々に注目を集め始めています。

　このような状況を踏まえ、2019年5月、ハラスメント防止対策の法制化などを含む「女性の職業生活における活躍の推進に関する法律等の一部を改正する法律」が成立し、6月に公布され、同法に基づいて改正された労働施策総合推進法、男女雇用機会均等法、育児介護休業法により、パワハラ、セクハラ、マタハラ防止対策に関する規定が設けられました。例えば、セクハラやマタハラの相談や調査協力をした者に対する不利益取扱いの禁止の義務化、会社の努力義務（従業員向け研修などを実施し、セクハラ・マタハラに対する会社の理解を深め、従業員への言動に注意すべき努力義務）、従業員の努力義務（セクハラ・マタハラへの関心

と理解を深め、他の従業員に対する言動に注意し、セクハラ・マタハラに関する会社の雇用管理上の措置に協力すべき努力義務）などが盛り込まれています。

　カスハラについても、厚生労働省は、2020年春までに、消費者庁や中小企業庁と連携し、本人の希望に応じた配置転換やカスハラ相談窓口の設置などを含むカスハラ防止のための会社向け指針を策定する方針です。

　本書では、パワハラ、セクハラ、マタハラに関する上記の法改正について解説するとともに、カスハラを含むこれらのハラスメントの判断基準や発生時の対応、防止策などを、普段、人事労務に携わっていない方にもわかりやすい内容となるよう配慮しつつ、できる限り詳しく記述しました。

　ハラスメントは従業員の士気や職場の生産性を下げ、レピュテーションリスクや人材流出などにより会社の運営に甚大なダメージを与えかねないものです。職場のハラスメントを減らし、快適な職場環境を実現して、従業員の活力を保ち会社の発展をもたらすことに本書が少しでも役立つことができれば、著者一同、望外の喜びです。

　最後になりましたが、株式会社きんざいの田島正一郎さんには、企画の段階から本書ができあがるまで、大変お世話になりました。この場を借りて厚くお礼を申し上げます。

　2019年9月

著者代表

弁護士　**大橋　さやか**

【編著者略歴】

■ 大橋　さやか（オオハシ　サヤカ）

弁護士

2004年弁護士登録。著書に『管理監督者・上司・先輩は知っておいてほしい　研究者・技術者の「うつ病」対策〜不調者を出さない仕組みづくりと日常の注意点〜』（技術情報協会、共著）、『改正法に対応したパート、契約社員の活用と実務』（労務行政研究所編）など。

【著者略歴】（50音順）

■ 大下　良仁（オオシタ　ヨシヒロ）

弁護士法人琴平綜合法律事務所　弁護士

2012年裁判官任官。2019年弁護士登録。著書に『株主総会実務必携』（金融財政事情研究会、共著）、『コーポレート・ガバナンスの法律相談』（青林書院、共著）など。

■ 北川　展子（キタガワ　ノブコ）

弁護士法人琴平綜合法律事務所　弁護士

1997年弁護士登録。著書に『生命保険の法律相談』（青林書院、共著）、『金融機関の相続手続【改訂版】』（金融財政事情研究会、編著）など。

■ 澁谷　展由（シブヤ　ノブヨシ）

弁護士法人琴平綜合法律事務所　弁護士・公認不正検査士

2007年弁護士登録。著書に『東証一部上場会社の役員報酬設計』（別冊商事法務442号、編著）、『業界別・場面別　役員が知っておきたい法的責任』（経済法令研究会、編著）など。

■ **宗宮 英恵**（ソウミヤ　ハナエ）
のぞみ総合法律事務所 弁護士
2008年弁護士登録。著書に『金融機関の相続手続【改訂版】』（金融財政事情研究会、共著）、『逐条解説消費者契約法【第2版補訂版】』（商事法務、共著）、『一問一答消費者裁判手続特例法』（商事法務、共著）、論稿に「特定複合観光施設区域整備法の概説」（NBL1134号）など。

目　次

第1章 | 最近のハラスメント防止法改正などのあらまし

第1節　パワハラ防止法制定動向のあらまし……………………… 2

　1　職場のパワハラ……………………………………………… 2

　2　改正の背景…………………………………………………… 7

　3　改正法の概要………………………………………………… 10

　4　会社が講じるべき具体的な対応…………………………… 15

　5　会社が講じることが望ましい取組み……………………… 22

第2節　パワハラ以外のハラスメントに関する最近の

　　　　動向…………………………………………………………… 24

　1　セクハラ防止に関する法改正・指針策定の動向……… 24

　2　マタハラ防止に関する法改正・指針策定の動向……… 43

　3　カスタマーハラスメント防止に関する法改正・

　　　指針策定の動向…………………………………………… 71

　4　ハラスメント防止体制……………………………………… 77

　5　内部通報制度………………………………………………… 83

第2章 | ハラスメント対策Q＆A

Q1　パワハラの定義……………………………………………… 92

Q2　「業務上必要な注意」と「パワハラ」の違い ………… 95

Q3 パワハラの行為類型 ……………………………………98

Q4 「身体的な攻撃」「精神的な攻撃」「人間関係か
らの切り離し」 …………………………………… 101

Q5 「過大な要求」「過小な要求」 ………………… 103

Q6 パワハラに該当する「個の侵害」 ………… 106

Q7 LGBTに対するパワハラ ……………………… 108

Q8 パワハラの法的責任 ……………………………… 110

Q9 違法なパワハラによる会社の責任 ………… 113

Q10 パワハラ発生時の法的責任以外のリスク ………… 115

Q11 パワハラ防止法上の防止義務違反による会社の
責任 …………………………………………………… 117

Q12 パワハラ防止法上の防止対策の期限 ………… 119

Q13 パワハラ防止法上で会社に求められるパワハラ
防止対策 ……………………………………………… 121

Q14 パワハラ発生時のための会社の体制整備 ………… 125

Q15 パワハラ防止対策の社内規程 ………………… 129

Q16 相談窓口の設置と運用 ………………………… 132

Q17 パワハラ防止の研修 …………………………… 135

Q18 パワハラ発生後の初動対応 …………………… 139

Q19 パワハラ発生後の同じ職場での加害者と被害者
の勤務 ………………………………………………… 142

Q20 被害者がうつ病で休職した場合の対応 ………… 144

Q21 パワハラをやめさせる方法 …………………… 147

Q22 被害者が復職する場合の対応 ………………… 151

Q23	パワハラ加害者に行う懲戒処分 ……………………………	154
Q24	パワハラの事実が確認できなかった場合の対応 ……	156
Q25	会社からの加害者や被害者への弁護士紹介 …………	158
Q26	パワハラ被害者が損害賠償請求や刑事告訴する	
	場合の会社の関与 …………………………………………	161
Q27	「対価型」セクハラの定義 ………………………………	163
Q28	「環境型」セクハラの定義 ………………………………	165
Q29	セクハラの行為類型 ………………………………………	167
Q30	セクハラの判断基準 ………………………………………	173
Q31	拒絶的な態度を示さなかった場合のセクハラ ………	175
Q32	セクハラの対象になる「職場」の範囲 ………………	177
Q33	セクハラ被害者の保護 ……………………………………	179
Q34	セクハラ発生時の対応 ……………………………………	181
Q35	セクハラ被害者が「そっとしておいてください」	
	といった場合の対応 ………………………………………	186
Q36	セクハラ発覚時の加害者への対応 ……………………	190
Q37	セクハラ加害者への懲戒解雇 …………………………	191
Q38	マタハラの行為類型 ………………………………………	193
Q39	マタハラの原因 ……………………………………………	198
Q40	マタハラの法的責任 ………………………………………	201
Q41	マタハラ防止措置 …………………………………………	203
Q42	カスハラの定義 ……………………………………………	209
Q43	カスハラの原因 ……………………………………………	211
Q44	カスハラの問題点 …………………………………………	213

Q45	カスハラの態様 ……………………………………………	215
Q46	カスハラと正当なクレームの違い ……………………	217
Q47	カスハラへの対応 …………………………………………	219
Q48	カスハラの防止措置・教育 ……………………………	222
Q49	カスハラに対応するための社員教育 …………………	225
Q50	ハラスメント防止体制の不備による役員の責任 ……	227

おわりに	…………………………………………………	233
巻末資料	…………………………………………………	239

第1章

最近の
ハラスメント防止法改正
などのあらまし

第 **1** 節

パワハラ防止法制定動向のあらまし

1 職場のパワハラ

「お前の存在が目障りだ。ここにいるだけでみんなが迷惑だ」「お前がどこへ飛ばされようと、オレはお前が仕事をしないヤツだと言いふらしてやる」

大きなミスで、それが本人や多くの関係者の生命や身体、財産に取り返しのつかない影響を与えるようなものであるときに、きつく叱責されることはあるかもしれません。しかし、些細なミスや理不尽な理由で、あなたが職場でこんな言葉を日々浴びせられていたとしたら、あなたは平常心で働くことができますか。自分が対象でなかったとしても、あなたの同僚がみんなの前で罵倒される職場で、意欲的に働くことができますか。あなたもいつターゲットにされるかわからない、そんな職場で能力を十分に発揮していけるでしょうか。

「労働施策の総合的な推進並びに労働者の雇用の安定及び職業生活の充実等に関する法律」（労働施策総合推進法）30条の2第1項では、職場におけるパワーハラスメント（パワハラ）を、

- 職場で行われる優越的な関係を背景とした言動で
- 業務上必要かつ相当な範囲を超えて
- 労働者の就業環境を害するもの

としています。

　この３つの要件の内容や考え方は、今後、厚生労働大臣が策定する「指針」（労働施策総合推進法30条の２第３項）の中で明らかにされる予定ですが、労働政策審議会雇用環境・均等分科会の報告書（2018年11月に発表された「女性の職業生活における活躍の推進及び職場のハラスメント防止対策等の在り方について」（分科会報告書））や2018年３月に発表された「職場のパワーハラスメント防止対策についての検討会」の報告書（検討会報告書）を踏まえると、次のように考えられます。

・「職場で行われる優越的な関係を背景とした言動」

　「職場」とは、「業務を遂行する場所」のことを指し、営業所やオフィスなどの普段の就業場所以外であっても、業務を行う場所であれば、「職場」に含まれます。「優越的な関係を背景とした言動」とは、上司から部下に対するものだけではなく、例えば、仕事に必要な知識や豊富な経験を持っている同僚や部下で、その協力がなければ業務を円滑に遂行することが難しいような場合の同僚や部下からの行

第１章　最近のハラスメント防止法改正などのあらまし　3

為や、同僚や部下が集団的に行う行為で、抵抗したり拒絶したりすることが難しいような場合も含まれます。

・「業務上必要かつ相当な範囲を超えて」

　社会通念に照らして、明らかに業務上の必要性がなかったり、態様が相当でなかったりする行為をいいます。明らかに業務との関連が認められない暴力などの身体的な攻撃が典型例です。もっとも、業種や業態、その言動に至る経緯などから、何が業務上必要かつ相当といえるかを検討する必要があり、その範囲には幅があります。仕事の内容が生命・身体の危険を伴う業務か、通常のオフィスワークかによって、業務上の指導や注意の在り方は異なりますし、注意する対象の人が、新人なのかベテランなのかによっても、その内容は変わってきます。ですから、業務上必要な指導や注意との境界は難しいところです。この点は、日頃から職場でのコミュニケーションを図る中で、何を業務上必要かつ相当と考えるかについて共通認識を形成していくことが有用です。

・「労働者の就業環境を害するもの」

　その行為によって被害者が物理的・精神的に負担を感じたり、働く環境が不快になったと感じたりして、その能力を発揮することが難しくなり、働く上で無視できないような支障が出るようなものをいいます。「就業環境を害する」かどうかの判断は、「平均的な労働者の感じ方」を基準と

するとされています。例えば、暴力によりけがをさせる行為や、暴言を吐いて人格を否定する行為、何度も大声で怒鳴ったり厳しい叱責を執拗に繰り返したりして恐怖を感じさせる行為、長期にわたる無視や能力に見合わない仕事を与えるなどして就業意欲を低下させる行為がこれに当たると考えられます。

　ところで、読者の皆さんの中には、パワハラの「6つの行為類型」について耳にされたことがある方もいるかもしれません。

　パワハラの定義は、今般の労働施策総合推進法の改正により、初めて法律で規定されたもので、これまではパワハラについて法律で規定したものはありませんでした。上記パワハラの3要件が規定されるまで、職場のパワハラは、大きく6つの行為類型に分類されるものとして議論されてきましたので、ここで、この6つの行為類型と上記のパワハラの3要件について簡単に紹介しましょう。

　職場のパワハラ行為は、2012年3月に「職場のいじめ・嫌がらせ問題に関する円卓会議」が発表した「職場のパワーハラスメント予防・解決に向けた提言」（パワハラ提言）では次の6つのパターンに分類されてきました。

・身体的な攻撃

　暴行や傷害行為をする類型で、例えば、足で蹴ったり、拳で殴ったりすることなどが典型例です。

第1章　最近のハラスメント防止法改正などのあらまし　5

・精神的な攻撃

　脅迫や名誉毀損、侮辱、ひどい暴言を浴びせる類型で、例えば、同僚の前で大きな声で人格を否定するようなことをいったり、無能扱いするような言動をしたりすることなどがこれに当たります。

・人間関係からの切り離し

　隔離、仲間外し、無視をする類型で、例えば、1人だけ座席を他の部屋に移動させたり、特定の職員に対し、他の職員に接触したり、仕事の協力を求めることを禁止したりすることなどがこれに当たります。

・過大な要求

　業務上明らかに不要なことや遂行不可能なことを強制する類型で、例えば、終業時間間際に大量の仕事を毎日押し付けたりすることなどがこれに当たります。

・過小な要求

　業務上の合理性がなく、能力や経験とかけ離れた程度の低い仕事を命じることや仕事を与えない類型で、例えば、営業担当の職員に終日倉庫整理や草むしり作業などを行わせることなどがこれに当たります。

・個の侵害

　私的なことに過度に立ち入る類型で、例えば、業務と関係ないのに、週末の過ごし方や休む理由をしつこく尋ねることや、家族の悪口をいわれることなどがこれに当たりま

す。

　これらの6類型は必ずしも網羅的にパワハラとなる行為を拾ったものではなく、この6類型への該当の有無で直ちにパワハラへの該当性が判断できるものではありません。6類型にかかわらず、上述の3要件を満たすものは職場のパワハラに当たりますし、一見6類型に該当しそうでも、3要件のいずれかを欠く場合には、職場のパワハラには当たらないということになります。

2　改正の背景

　これまで職場のパワハラに関する法律上の直接の規制はありませんでした。しかし、パワハラを原因とする精神疾患や自殺が社会問題になり、国レベルで抜本的な対策強化が必要な喫緊の課題として認識されるようになりました。厚生労働省の「職場のパワーハラスメント防止対策についての検討会報告書」も、「職場のパワーハラスメントは、相手の尊厳や人格を傷つける許されない行為であるとともに、職場環境を悪化させ」、「放置すれば、人は仕事への意欲や自信を失い、時には心身の健康や命すら危険にさらされる」場合があること、企業にとっても、「職場全体の生産性や意欲の低下など周りの人への影響や、企業イメージの悪化などを通じて経営上大きな損失につながる」としています。

2012年 3 月にパワハラ提言が出されて以降、厚生労働省が周知のための広報や労使の具体的な取組促進のための企業向けセミナーの開催、マニュアル作成を行う「働きやすい職場環境形成事業」を実施するなど、職場のパワハラ防止の社会的気運を醸成する取組みが行われてきました。また、会社や労働組合などでも、就業規則にパワハラ防止対策に関する規定を導入したり、専門研修を開催したりするなど、それぞれの立場からの取組みが行われてきていました。

こうした取組みや社会的気運の高まりの一方で、都道府県労働局における職場の「いじめ・嫌がらせ」の相談件数は、2012年度に51,670件から毎年増加を続け、2018年度には82,797件となり、解雇や労働条件の引下げなどの他の相談内容が減少傾向である中で増加を続けています（厚生労働省「平成30年度個別労働紛争解決制度の施行状況」）。

2017年 3 月28日に閣議決定された「働き方改革実行計画」でも、「職場のパワーハラスメント防止を強化するため政府は労使関係者を交えた場で対策の検討を行う」とされ、これを受けて、厚生労働省は、2017年 5 月以降「職場のパワーハラスメント防止対策についての検討会」を開催し、職場のパワハラの定義や実効性のあるパワハラ防止策について議論がされました。その検討結果を踏まえた労働政策審議会雇用環境・均等分科会での議論を経て、2019年

図表1　民事上の個別労働紛争の主な相談内容の件数の推移

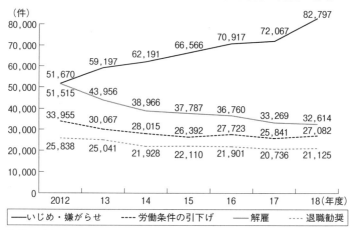

資料：厚生労働省「平成30年度個別労働紛争解決制度の施行状況」
引用元：「平成29年度厚生労働白書―社会保障と経済成長―」(厚生労働省)

　3月8日、パワハラ防止対策の法制化を含む「女性の職業生活における活躍の推進に関する法律等の一部を改正する法律案」が国会に提出され、同法律は、2019年5月29日に成立しました。
　同法により、労働施策総合推進法も一部改正され、パワハラ防止対策に関する規定（いわゆる「パワハラ防止法」）が設けられることとなりました。

3 改正法の概要

(1) 改正法の全体像

　「女性の職業生活における活躍の推進に関する法律等の一部を改正する法律」（女性活躍推進法等改正法）は、女性活躍の推進とハラスメント対策の強化を改正の柱の1つに据え、女性活躍推進法、労働施策総合推進法、男女雇用機会均等法、育児介護休業法の一部を改正するもので、このうち、パワハラ防止のための規制は、労働施策総合推進法の改正によって規定されることとなりました。

図表2　女性の職業生活における活躍の推進に関する法律等の一部を改正する法律案の概要

> **改正の趣旨**
>
> 女性をはじめとする多様な労働者が活躍できる就業環境を整備するため、女性の職業生活における活躍の推進に関する一般事業主行動計画の策定義務の対象拡大、情報公表の強化、パワーハラスメント防止のための事業主の雇用管理上の措置義務等の新設、セクシュアルハラスメント等の防止対策の強化等の措置を講ずる。

> **改正の概要**
>
> **1. 女性活躍の推進【女性活躍推進法】**
> (1) 一般事業主行動計画の策定義務の対象拡大
> 　　一般事業主行動計画の策定義務の対象を、常用労働者301人以上から101人以上の事業主に拡大する。
> (2) 女性の職業生活における活躍に関する情報公表の強化及びその履行確保
> 　　情報公表義務の対象を101人以上の事業主に拡大する。また、301人以上の事業主については、現在1項目以上の公表を求めている情報公表項目を「①職業生活に関する機会の提供に関する実績」、「②職業生活と家

庭生活との両立に資する雇用環境の整備に関する実績」に関する項目に区分し、各区分から1項目以上公表することとする。

あわせて、情報公表に関する勧告に従わなかった場合に企業名公表ができることとする。

(3) 女性活躍に関する取組が特に優良な事業主に対する特例認定制度（プラチナえるぼし（仮称））の創設

2. ハラスメント対策の強化

(1) 国の施策に「職場における労働者の就業環境を害する言動に起因する問題の解決の促進」（ハラスメント対策）を明記【労働施策総合推進法】

(2) パワーハラスメント防止対策の法制化【労働施策総合推進法】

① 事業主に対して、パワーハラスメント防止のための雇用管理上の措置義務（相談体制の整備等）を新設

あわせて、措置の適切・有効な実施を図るための指針の根拠規定を整備

② パワーハラスメントに関する労使紛争について、都道府県労働局長による紛争解決援助、紛争調整委員会による調停の対象とするとともに、措置義務等について履行確保のための規定を整備

(3) セクシュアルハラスメント等の防止対策の強化【男女雇用機会均等法、育児・介護休業法、労働施策総合推進法】

① セクシュアルハラスメント等に起因する問題に関する国、事業主及び労働者の責務の明確化

② 労働者が事業主にセクシュアルハラスメント等の相談をしたこと等を理由とする事業主による不利益取扱いを禁止

※パワーハラスメント及びいわゆるマタニティハラスメントについても同様の規定を整備

施行期日

公布日から起算して1年を超えない範囲内において政令で定める日（ただし、1 (1)(2)の対象拡大は3年、2 (1)は公布日。また、2 (2)①について、中小事業主は公布日から起算して3年を超えない範囲内において政令で定める日までは努力義務）

引用元：厚生労働省ホームページ

⑵　パワハラ防止対策の法制化

ア　雇用管理上の措置義務（労働施策総合推進法30条の2）

　職場のパワハラ防止については、会社の現場で、確実に予防・解決に向けた措置を講じることが不可欠です。そこで、改正女性活躍推進法（労働施策総合推進法部分）により、事業主は、パワハラについての相談窓口の設置等の雇用管理上の措置を講じることが義務付けられました（労働施策総合推進法30条の2）。なお、本書では文脈に応じて、雇用主を「事業主」や「会社」と呼んだり、雇用される側を「労働者」や「従業員」と呼んだりします。

【労働施策総合推進法30条の2第1項】

事業主は、職場において行われる優越的な関係を背景とした言動であって、業務上必要かつ相当な範囲を超えたものによりその雇用する労働者の就業環境が害されることのないよう、当該労働者からの相談に応じ、適切に対応するために必要な体制の整備その他の雇用管理上必要な措置を講じなければならない。

　また、従業員がパワハラの相談を行ったり、相談に対して会社による対応に協力して何かを話したりしたことに

よって、会社が解雇その他不利益な取扱いをすることは禁止されています（同条2項）。

　会社がこれらの義務に違反し、厚生労働大臣が勧告を行った場合に、なおも従わないときは、その旨が公表されることがあります。また、厚生労働大臣がこれらの義務に関する報告を求めた場合に、会社がこれに違反して報告をしなかったり虚偽の報告をしたりすると、20万円以下の過料の対象となります（同法33条1項・2項、36条1項、41条）。

イ　優越的言動問題に関する事業主、労働者、国の努力義務（同法30条の3）

　優越的な関係を背景とした言動から生じる問題（優越的言動問題）について、国、事業主、労働者のそれぞれに一定の努力を課す規定も設けられました。具体的には、次のものです。

　㋐　国の義務（同条1項）

　・事業主や国民一般の関心と理解を深めるための広報・啓発活動等の措置を行うこと

　㋑　事業主の義務（同条2項・3項）

　・労働者の関心と理解を深めるとともに、他の労働者に対する言動に必要な注意を払うよう研修の実施その他の配慮をすること

　・国が行う措置に協力すること

第1章　最近のハラスメント防止法改正などのあらまし　13

・事業主（法人のときは役員）自身が労働者に対する言
動に注意を払うこと

㋒　労働者の義務（同条4項）

・優越的言動問題に対する関心と理解を深め、他の労働
者に対する言動に必要な注意を払うこと

・事業主が行う措置に協力すること

ウ　その他

　パワハラに関する労使紛争について、その利用がしやす
くなるように、都道府県労働局長による紛争解決援助、紛
争調整委員会による調停の対象とすることとしています
（同法30条の4～7）。

　また、国は、就業環境を害するような職場におけるハラ
スメント全般について、総合的に取組みを進めることが必
要であるとされ、改正女性活躍推進法により、パワハラに
起因する問題の解決を促進するために必要な施策を充実す
ることが国の施策として追加されました（同法4条14号）。

(3)　施行期日

　改正女性活躍推進法のうち労働施策総合推進法部分の施
行期日は、国の施策の部分（同法4条14号）を除き、公布
の日から起算して1年を超えない範囲内において政令で定
める日とされています。

　ただし、中小企業については、パワハラの防止に関する

ノウハウや専門知識が乏しいことなどから、その負担を軽減するため、雇用管理上の措置義務（労働施策総合推進法30条の2第1項）については、公布の日から3年以内の政令で定める日までは、努力義務にとどまります。

　なお、ここでいう中小企業とは、以下のいずれかの要件を満たす事業主をいいます。

【労働施策総合推進法上の中小企業】

・国、地方公共団体および行政執行法人以外の事業主であって、その資本金の額または出資の総額が3億円以下であるもの（ただし、小売業またはサービス業を主たる事業とする事業主については5,000万円、卸売業を主たる事業とする事業主については1億円以下であるもの）

・その常時使用する労働者の数が300人以下であるもの（ただし、小売業を主たる事業とする事業主については50人、卸売業またはサービス業を主たる事業とする事業主については100人以下であるもの）

4　会社が講じるべき具体的な対応

　事業者の現場がきちんと対応していくためには、職場のパワハラの定義や考え方、会社が講じるべき措置の具体的

内容が明確化されることが必要です。そのため、労働施策総合推進法では、会社が講じるべき措置等の適切かつ有効な実施を図るため、厚生労働大臣が必要な指針（パワハラ指針）を定めるとしています（同法30条の2第1項から3項）。

　具体的な内容は、指針の策定を待つ必要がありますが、「分科会報告書」や「検討会報告書」を踏まえると、会社は、①パワハラがあってはならない旨を明確にした上で、②相談窓口等の体制を整備して、③相談を受けた後の適切な対応が可能であること、などが求められていて、具体的には次のように考えられます。

(1) 会社の方針等の明確化、周知・啓発

　会社は、パワハラがあってはならないものであることを明確にし、周知することが求められます。例えば、社内報、パンフレット、社内ホームページ、掲示板、イントラネットなどにパワハラの内容、パワハラの背景やパワハラがあってはならない旨の方針を記載して配布したり、周知・啓発のための研修や講習等を実施したりすることが考えられます。

　また、パワハラを行った者に対する対処方針を明らかにし、周知することが求められます。例えば、就業規則などで、パワハラを行った者に対する懲戒規定を定め、その内

容を従業員に周知・啓発することや、既に該当する懲戒規定がある場合には、パワハラを行った者は、現行の就業規則などの懲戒規定の適用の対象となる旨を明確化して、従業員に周知・啓発することが考えられます。

(2) 相談窓口等の体制整備

パワハラに遭った人などからの相談に適切に対応するためには、体制を整備することが必要です。例えば、相談に対応する担当者をあらかじめ決めておいたり、相談に対応するための制度設計をしたりして、相談窓口を設置することが考えられます。外部の機関に相談への対応を委託することも可能です。

また、単に相談窓口を設けるだけで担当者が十分な対応ができないと意味がありませんので、相談窓口の担当者が相談を受けた場合には、その内容や状況に応じて、相談窓口の担当者と人事部門とが連携を図ることができるようにしておくことや、相談窓口の担当者があらかじめ作成されたマニュアルに基づいて対応できるようにしておくことが考えられます。

このとき、労働安全衛生法に基づく医師による面接指導や健康相談の中でパワハラに関する相談がされることも考えられますので、産業保健スタッフにも相談対応時の留意点を共有する必要がありますし、相談窓口の担当者と産業

医や産業保健専門職等の産業保健スタッフの役割分担を明確にしておくことや、相談窓口や人事部門、産業保健スタッフなど関係する内部組織が連携して、職場環境の実態把握や相談対応を行うことができるようにしておくことも必要です。

また、他のハラスメントの相談を排斥することがないように、パワハラの相談窓口がセクハラなどの相談窓口を兼ねることを明示することも考えられます。

(3)　相談を受けた後の適切な対応

相談を受けたときは、その事案の事実関係を迅速かつ正確に確認する必要があります。例えば、相談窓口の担当者、人事部門、専門の委員会等が、相談者や行為者の双方から事実関係を確認することが求められますし、相談者と行為者との間で事実関係に関する主張に不一致があって事実の確認が十分にできない場合もありますので、そのような場合には、第三者からも事実関係を聴取して、必要な事実を把握するようにしましょう。

また、パワハラの被害に遭った人に対する配慮も必要です。例えば、事案の内容や状況に応じて、被害者と行為者の間の関係改善に向けた援助を行ったり、被害者と行為者を引き離すことが適切である場合には、そのために必要な配置転換を行ったりすることが考えられます。また、行為

者からの謝罪が必要と考えられる場合もありますし、被害者に労働条件上の不利益が生じているような場合にはそれを回復することも必要です。このほか、管理監督者や事業場内産業保健スタッフ等による被害者のメンタルヘルス不調の相談を行ったり、被害者に対する中立な第三者機関の紛争解決案がある場合には、それに従った措置を行ったりすることが考えられます。

　同時に、パワハラの行為者に対する対応も適正に行う必要があります。例えば、就業規則のパワハラに関する規定に基づいて必要な処分等を下したり、被害者に対する配慮と同様に、事案の内容や状況に応じて被害者と行為者の間の関係改善に向けた援助や被害者と行為者を引き離すための配置転換を行ったりすることが考えられます。また、被害者に対する謝罪が必要な場合もあります。それから、被害者やその関係者に対する報復を目的とした行為をしてはならないことをしっかりと行為者に伝えましょう。行為者は、業務上の指導と思って行う場合や、悪気がないなど、その行為がパワハラに該当することを十分に理解していない場合も多々ありますので、行為者の意識や行動の改善を図ることも必要です。また、行為者に対する中立な第三者機関の紛争解決案がある場合には、それに従った措置を行うことが考えられます。このとき、行為者の人権にも配慮しつつ実施することが必要です。

第1章　最近のハラスメント防止法改正などのあらまし　19

以上では被害者と行為者の双方に対する対応を説明しま
したが、その上で、他の従業員との関係でも、同じことが
繰り返されないように、再発防止に向けた対応を取ること
が求められます。例えば、パワハラがあってはならない旨
の方針やパワハラの行為者について厳正に対処する旨の方
針を、社内報、パンフレット、社内ホームページ、掲示
板、イントラネットなど広報または啓発のための資料等に
改めて掲載・配布したり、意識啓発のための研修、講習な
どを改めて実施したりすることなどが考えられます。この
場合にも、やはり被害者と行為者のプライバシーなどの人
権に十分に配慮する必要があります。

(4)　その他の行うべき対応

ア　相談者や行為者のプライバシー保護

　職場のパワハラに関する相談者・行為者等の情報は各々
のプライバシーに属するものを含むことがあるため、相談
を受けるときや事後対応に際しては、相談者・行為者等の
プライバシーに配慮する必要があります。例えば、相談
者・行為者等のプライバシーの保護のために必要な事項を
定めたマニュアルをあらかじめ作成し、相談窓口の担当者
は、そのマニュアルに基づいた対応をするようにしておく
ことや、相談窓口の担当者に対して相談者・行為者等のプ
ライバシーの保護の研修を行うことが考えられます。ま

た、そういったプライバシーへの配慮が必要であることを
従業員自身も知る必要があるため、相談窓口では相談者・
行為者等のプライバシー保護に必要な取組みが行われてい
ることを社内報、パンフレット、社内ホームページ、掲示
板、イントラネットなどに掲載・配布することなどが考え
られます。

　一般に、相談を受けるときはプライバシー保護の意識が
働きやすいのですが、事後対応の過程ではその意識が薄れ
てしまったり、思わぬ形で情報が伝播したりしてしまうこ
とがあります。他の従業員のうわさ話の対象とされて、行
為者にとっても被害者にとっても精神的な苦痛となる事態
は避けなければなりません。

イ　パワハラの相談・事実確認への協力等を理由とし
**　た不利益取扱いの禁止**

　職場のパワハラについて相談したり事実確認に協力した
りしたことが、解雇や労働条件の悪化などの不利益な取扱
いにつながってしまっては、誰も相談や協力をしなくな
り、パワハラ防止対策は機能しなくなってしまうでしょ
う。

　そこで、そのような不利益な取扱いがされることがない
よう、例えば、就業規則などに、従業員がパワハラに関し
相談をしたことや事実関係の確認に協力したこと等を理由
として、その従業員が解雇等の不利益な取扱いをされるこ

第1章　最近のハラスメント防止法改正などのあらまし　21

とがない旨を規定した上で、社内報、パンフレット、社内ホームページ、掲示板、イントラネットなどに同様の内容を記載・配布するなどして、従業員に十分に周知し、啓発をすることが考えられます。

5 会社が講じることが望ましい取組み

　以上に加え、会社が講じることが望ましい取組みとして、パワハラ発生の要因を解消するために、コミュニケーションの活性化や長時間労働の是正などにより職場環境を改善することなどが考えられますので、ご紹介します。

　まず、パワハラの発生要因の1つには、職場の従業員同士のコミュニケーションの希薄化があるともいわれます。例えば、日常的な会話を心掛けたり、定期的に面談やミーティングを行ったりすることで風通しの良い職場環境や従業員同士の信頼関係を築くことが重要です。また、行為者や被害者となる従業員に感情をコントロールする能力やコミュニケーション能力が不足している場合もありますので、コミュニケーションスキルアップの研修を実施したり、従業員の感情をコントロールする手法についての研修、マネジメントのための研修等を行ったりすることも有効です。

　次に、職場のパワハラの発生の要因については業績偏重の評価制度や長時間労働等の、パワハラの行為者となる従

業員に大きなプレッシャーやストレスがかかる職場環境も
あるといわれています。そこで、従業員に肉体的・精神的
負荷を強いる職場環境や組織風土を改善し、職場のパワハ
ラを予防するため、適正な業務目標の設定や業績偏重の評
価制度の見直し、適正な業務体制の整備や業務の効率化に
よる長時間労働の是正等をすることが有効です。

第2節

パワハラ以外のハラスメントに関する最近の動向

1 セクハラ防止に関する法改正・指針策定の動向

(1) セクハラとは

「セクハラはいけない」との認識は広く一般に浸透してきているものの、職場におけるセクハラは、依然として予想以上に多いといわれています。2017年度に都道府県労働局に寄せられた男女雇用機会均等法に関する相談件数を厚生労働省の「平成30年度都道府県労働局雇用環境・均等部（室）での法執行状況」でみてみると、合計19,997件のうち、セクハラに関するものは7,639件と最も多く、全相談件数の38.2%を占めています。

相談に至らないケースも数多く存在するであろうことを考えると、職場におけるセクハラ対策は、すべての会社が考えなくてはならない経営上の課題といってよいでしょう。

これほどまでに問題となっている「セクハラ」ですが、その正確な定義や問題の本質は、必ずしも十分に理解され

ていないようです。

　セクハラについては、男女雇用機会均等法や人事院規則10－10（セクシュアル・ハラスメントの防止等）において、規定されています。

　男女雇用機会均等法に初めてセクハラについての規定がされた時のセクハラの概念は、被害者を女性とするものでした。しかし、実際には、女性から男性へのセクハラも問題となっていたことから、2006年の改正により、男性へのセクハラや同性愛的セクハラも、男女雇用機会均等法上のセクハラ概念に含まれることになりました。また、当初は、会社にセクハラの防止に配慮する義務（配慮義務）があるとされただけでしたが、2006年の改正からは、具体的に適切な体制整備等の措置を講じることを会社に求める「措置義務」が規定されています。この措置義務の内容は、「事業主が職場における性的な言動に起因する問題に関して雇用管理上講ずべき措置についての指針」で詳しく定められています。

　このように、男女雇用機会均等法上のセクハラの規定も時代とともに変化しており、セクハラに広く対処していくことへの社会的要請が強いことが、改正内容からわかります。

(2) 男女雇用機会均等法におけるセクハラ

まず、現在の男女雇用機会均等法におけるセクハラの定義を確認しましょう。

セクハラについては、同法11条1項が次のように規定し、職場でセクハラが起きないよう、適切な措置を講じる義務が会社に課されています。

【11条1項】 事業主は、職場において行われる性的な言動に対するその雇用する労働者の対応により当該労働者がその労働条件につき不利益を受け、又は当該性的な言動により当該労働者の就業環境が害されることのないよう、当該労働者からの相談に応じ、適切に対応するために必要な体制の整備その他の雇用管理上必要な措置を講じなければならない。

（下線は筆者による）

この条文からもわかるように、セクハラには2つの類型があるといわれています。

ア 対価型セクハラ

1つは、「職場において行われる性的な言動に対するその雇用する労働者の対応により当該労働者がその労働条件につき不利益を受け」ること、つまり、職場において、労

働者の意思に反する性的な言動が行われ、それを拒否した
ことで解雇、降格、減給などの不利益を受けることをい
い、「対価型セクハラ」といわれています。例えば、事務
所内で経営者が従業員に性的な関係を要求したが拒否され
たため、その従業員を解雇したような場合や、営業所内で
経営者が日頃から従業員の男女関係について公然と発言し
ていたが抗議されたため、抗議した従業員を降格したよう
な場合です。

イ　環境型セクハラ

　もう1つは「当該性的な言動により当該労働者の就業環
境が害されること」、つまり、職場において、労働者の意
に反する性的な言動により労働者の就業環境が不快なもの
となったため、労働者の能力の発揮に重大な影響が生じる
等、当該労働者が就業する上で見過ごすことができない程
度の支障が生じることをいい、「環境型セクハラ」といわ
れています。

　例えば、事業所内で上司が従業員の身体を度々触ったた
め、その従業員が苦痛に感じてその就業意欲が低下してい
る、同僚が取引先において従業員に関する性的な内容の情
報を意図的かつ継続的に流布したため、その従業員が苦痛
に感じて仕事が手につかない、従業員が抗議しているにも
かかわらず、事務所内にヌードポスターを掲示しているた
め、当該従業員が苦痛に感じて業務に専念できない、など

といった例が挙げられます。

(3) 人事院規則におけるセクハラ

また、セクハラがどのようなものかを理解する上では、あくまで公務員の一部を適用対象とするものではありますが、人事院規則10-10の規定も参考となります。

人事院規則10-10では、セクハラを「他の者を不快にさせる職場における性的な言動及び職員が他の職員を不快にさせる職場外における性的な言動」と定義づけ（同規則2条1号）、セクハラの防止や排除のための措置と、セクハラに起因する問題が生じた場合に適切に対応するための措置に関し、必要な事項を定めています。

人事院規則10-10については、人事院事務総長から発せられた「人事院規則10-10（セクシュアル・ハラスメントの防止等）の運用について（平成10年11月13日職福-442）」が定められています。その通達の別紙1「セクシュアル・ハラスメントをなくすために職員が認識すべき事項についての指針」（人事院指針）では、セクハラに該当する例が多数掲載されています。

(4) なぜセクハラはいけないのか

では、なぜ、法令に規定してまで、会社にセクハラへの対応が求められているのでしょうか。セクハラを防止する

理由は、大きく分けて2つあるといわれています。

第1に、セクハラは、労働者の個人としての尊厳を不当に傷つけるからです。

第2に、労働者個人の尊厳が傷つけられ、就業環境が悪化した結果、個人の能力の発揮を阻害するからです。

会社の立場からみても、セクハラによって職場秩序の乱れや業務への支障により業績が低下するといった不利益が生じるほか、場合によっては高額の賠償責任を負ったり、社会的評価を著しく低下させたりといった問題にもつながりかねません。セクハラは、単に被害者個人の問題というだけでなく、会社や会社の事業の支障となりかねない重大な問題なのです。

人事院規則10－10の1条が、その目的として、「人事行政の公正の確保、職員の利益の保護及び職員の能率の発揮」を掲げているのも、まさにセクハラを禁止する意義が前記の2点にあることを示しています。

(5) 男女雇用機会均等法におけるセクハラの要件

次に、男女雇用機会均等法におけるセクハラの要件についてみていきます。

ア 職場において行われるものであること

ここにいう「職場」とは、会社が雇用する労働者が業務を行う場所を指し、労働者が通常就業している場所以外の

場所であっても、労働者が業務を行う場所であれば「職場」に含まれます。そのため、取引先の事務所や出張先、取引先と打合せをするための飲食店、業務で使用する車中などの場所も、すべて「職場」に当たります。これはパワハラにおける「職場」と同じです。

お酒の入る席はセクハラが行われる場となりやすいですが、勤務時間外の宴会であっても、実質上職務の延長と考えられるものは「職場」に当たります。その判断にあたっては、職務との関連性、参加者、参加が強制的か任意かといったことが考慮されます。例えば、取引先との接待の場や所属部署のほぼ全員が出席する忘年会などの懇親の場などは、ここにいう「職場」に該当します。

イ　労働者

2006年改正後の男女雇用機会均等法11条1項はセクハラの対象を「労働者」としていて、男女を区別していません。したがって、会社は、男性から女性に対するセクハラだけでなく、女性から男性に対する行為はもちろん、同性同士のセクハラに対しても適切な措置を講じなければなりません。

また、いわゆる正規労働者だけでなく、パート職員や契約社員など非正規労働者も「労働者」に含まれます。

派遣労働者については、派遣元の会社だけでなく、派遣先の会社もセクハラ防止等に適切な措置を講じる義務を

負っています（労働者派遣事業の適正な運営の確保及び派遣労働者の保護等に関する法律47条の２）。

ウ　性的な言動

厚生労働省の「職場におけるハラスメント対策マニュアル〜予防から事後対応までのサポートガイド〜」では、被害を受ける者の性的指向（恋愛感情または性的感情の対象となる性別についての指向のこと）や性自認（自己の性別についての認識のこと）にかかわらず、「性的な言動」であれば、セクハラにいう「性的言動」に当たるとしています。

また、性的な発言の例について、厚生労働省都道府県労働局雇用均等室が公表している「事業主の皆さん　職場のセクシュアルハラスメント対策はあなたの義務です!!」というパンフレットでは、性的な事実関係を尋ねること、性的な内容の情報（うわさ）を流布すること、性的な冗談やからかい、食事やデートへの執拗な誘い、個人的な性的体験談を話すことなどが挙げられています。

エ　労働者の意に反すること

性的な言動があったとしても、労働者の意に反しないものであれば、労働者の尊厳を損なうことはなく、また、職場環境を害することにもなりません。そのため、会社が対応すべき「セクハラ」とは、「労働者の意に反する」ことが重要な要件となります。セクハラについて、「相手がセクハラだと感じたらセクハラだ」などといわれるのは、こ

第１章　最近のハラスメント防止法改正などのあらまし　31

の要件によるものです。

　しかし、自己に対して行われた性的な言動を不快と感じるか否か、意に反するか否かは受け手によって異なります。そのため、実際に相談を受けた会社や管理職の方が、当該行為がセクハラに該当するか否かの判断に際して、この要件をめぐって戸惑うことも少なくないようです。セクハラの難しさはこの「グレーゾーン」にあります。

　セクハラに当たるかの判断で、被害者がどのように感じたかが重要な要素であることに異論はありません。「相手の嫌がることはしてはならない」これが、ハラスメント禁止の原点です。

　しかし、このことは、受け手が不快に感じれば、何でもセクハラになることを意味するものではありません。

　セクハラを禁止する趣旨に戻って考えてみましょう。セクハラ防止の趣旨からすると、問題とすべきは、個人としての尊厳を傷つけたり、就業環境を悪化させたりする性的な言動であるということができます。そうだとすると、「労働者の意に反する」といえるためには、就業環境を害する行為であるといえるような客観性が必要であり、被害を受けた労働者が女性であれば「平均的な女性労働者の感じ方」を、男性であれば「平均的な男性労働者の感じ方」を基準として、平均的な者であれば「意に反する」といえるものであることが必要です。

判断にあたっては、その労働者の主観だけでなく、言動、回数、性格、意識、場所、抗議後の対応と態様、相互の職場での地位などの個別の事情を総合的に考慮することになります。裁判例でも、「その行為の態様、行為者である男性の職務上の地位、年齢、婚姻歴の有無、両者のそれまでの関係、当該言動の行われた場所、その言動の反復・継続性、被害女性の対応等を総合的に見て、それらが社会的見地から不相当とされる程度のものである場合には、性的自由ないし性的自己決定権等の人格権を侵害するものとして、違法となる」（名古屋高裁金沢支部平成8年10月30日判決）とされています。

　一般的には、意に反して身体に接触することにより、一般的な労働者が強い精神的苦痛を被るような行為であれば、1回でも労働者の人権を損ない、就業環境を害することになりえます。また、そこまで強い精神的苦痛を与えるものでなかったとしても、行為が継続し、労働者が明確に拒絶していたり、心身に重大な影響を受けていることが明らかであるにもかかわらずこれを放置したりする場合にも、やはり就業環境が害されるといえるでしょう。

　例えば、「今日の服、似合っているね」といった言葉をかけられた場合、平均的な女性または男性労働者は、それだけをもって性的に不快に感じることは少ないと思います。しかし、同じ言葉を毎日かけられたことにより苦痛に

感じた労働者が出勤しにくくなり、「自分の服装について言及するのはやめてほしい」と訴えたにもかかわらずこれを継続したり、単に服装を褒めるだけでなく、「今日はデートなの？」「何かあるの？」などとプライベートに踏み込む質問を繰り返したりした場合には、平均的な女性または男性労働者は不快に感じるのが一般的でしょうから、セクハラに該当しうると考えるべきでしょう。

さらに、どういう場合に一般的な女性または男性労働者が不快感を持つかは、①過去の事例との比較、②現代の常識に反していないか、③行為者の行動は会社の社風や伝統などからみて是認されるかの3つの観点も参考となります。

「過去の事例との比較」では、実際の裁判例のほか、前述の人事院指針に記載された例や、経団連出版編『セクハラ防止ガイドブック』29頁以下に掲載された、どのような行為がセクハラとしてレッドカード、イエローカードに当たるのかの具体例が参考になります。こうした例のなかに、実際に相談を受けたセクハラ事案と、類似のものがないかどうかをみることが、セクハラに該当するか否かの判断の一助となります。

また、「現代の常識に反していないか」については、「男らしい」「女らしい」など固定的な性別役割分担意識にも注意する必要があります。固定的な性別役割分担意識に基

づいた言動は、無意識のうちにセクハラの原因や背景となる可能性があります。「男のくせにだらしない」「この仕事は女性には無理」などといった従来の固定的な性別役割分担意識に根ざした言動は、一般的には、現代の常識からはセクハラに該当しうるものといえるでしょう。

加えて、セクハラへの該当性は「社風や伝統」などによっても異なる場合があります。ある会社ではセクハラとして問題とならない言動でも、別の会社では問題となりうることも考えられます。会社は、どのような行為が自社ではセクハラとなるのかを明確化し、周知しておくことが、セクハラの防止や適切な対応には有益です。

(6) 会社の取るべき対応

男女雇用機会均等法11条１項で定められているハラスメント防止のための措置義務の内容は、「事業主が職場における性的な言動に起因する問題に関して雇用管理上講ずべき措置についての指針」(平成18年厚生労働省告示第615号。セクハラ指針)に定められています。これらの措置を講じない場合、厚生労働省が行政指導を行うことがあり、これに従わないと事業者名を公表されることがあります。

以下、セクハラ指針に規定された措置義務の概要を説明します。

ア　会社の方針等の明確化およびその周知・啓発

　セクハラ指針では、会社は、職場におけるセクハラに関する方針の明確化、従業員に対するその方針の周知・啓発として、次の措置を講じなければならないとされています。とくに、ハラスメントがあってはならないことについて、トップから強く発信することがきわめて重要です。

(ア)　職場におけるセクハラの内容や、職場におけるセクハラがあってはならない旨の方針を明確化し、管理・監督者を含む従業員に周知啓発すること

　　セクハラについてはグレーゾーンの扱いが難しいといわれています。就業規則などの服務規律を定める文書において、セクハラがあってはならない旨を定めるとともに、当該事業所においては、どのような行為をセクハラと捉えるのかを明確にし、これを従業員に周知しておくことが、セクハラを防止し、また発生時に適切に対応するためには有益です。また、性別役割分担意識に基づく言動がセクハラの発生の原因や背景となりうることについても、周知・啓発することが求められています。周知・啓発の方法としては、社内報、パンフレット、社内ホームページ、掲示板、イントラネットなどに掲載し、配布する方法が示され、社内研修、講習などを実施することが挙げられています。

(イ)　職場におけるセクハラに係る性的な言動を行った者に

ついては、厳正に対処する旨の方針や対処の内容を就業
規則などに定め、管理・監督者を含む従業員に周知・啓
発すること

　セクハラを行った者に対する懲戒規定を定め、その内
容を従業員に周知・啓発することが求められています。

イ　相談・対応体制の整備

　会社は、従業員からの相談に対し、その内容や状況に応
じて適切かつ柔軟に対応するために必要な体制の整備をし
なくてはなりません。具体的には、担当者を定めたり、外
部に委託したりするなどして相談窓口を設置し、相談窓口
担当者が適切に対応できるようにすることが必要です。

　セクハラの被害者は、事態をあまり大ごとにせず解決し
たいと望むことが少なくありません。したがって、身近な
相談先として、社内の窓口（会社の委託により外部に設置し
たものを含みます）が有効に機能することがきわめて重要
です。設置した窓口が形だけのものにならないよう、相談
を受けた担当者が適宜人事部門と連携を図ることができる
仕組みや、あらかじめ作成した留意点などに基づき対応で
きるよう、プライバシーに配慮した対応の仕方などのマ
ニュアルを作成しておくなど、相談に対して実際に適切な
対応ができるような態勢整備が必要です。

　また、窓口担当者は、セクハラに該当するかどうか微妙
な場合でも、就業環境の悪化に至ることのないよう、広く

相談に対応することが必要です。

　さらに、相談は、面談だけでなく、電話やメールでも受けられるようにするなど、フレキシブルな対応が可能な形としておくことが望ましいと考えられます。

　なお、セクハラとその他のハラスメントは複合的に生ずることも想定されることから、両者の相談窓口を兼ねるなど、相談に一元的に応じることのできる体制を整備することが望ましいとされています。

ウ　職場におけるセクハラに係る事後の迅速かつ適切な対応

　セクハラの相談を受けた会社は、事実関係を迅速かつ正確に確認し、適正な措置を講じなければなりません。

　まず、相談窓口の担当者、人事部門や専門の委員会などが、相談者と行為者の双方から事実関係を確認し、相談者と行為者の事実認識に不一致がある場合には、必要に応じて第三者からも事実関係を聴取して事実関係を正確に確認することが大切です。

　セクハラの相談内容は、異性には話しにくい事柄も少なくないため、例えば、女性の相談者には女性が対応するなど、相談者が話しやすい環境を整える工夫も必要です（札幌地裁平成22年7月29日判決参照）。

　また、セクハラ指針では、事実関係の確認が困難な場合には、男女雇用機会均等法18条に基づく調停の申請など中

立な第三者機関に紛争処理をゆだねることも示唆しています。

　セクハラに当たるかを判断するには、相談者が行為者に対して拒絶の意思を示したか否かを重視しすぎないことも重要です。「労働者の意に反していること」がセクハラ要件の1つとされていますが、相談者が行為者に対して拒絶の意思を示すことは、必ずしも容易ではありません。相談窓口担当者は、相談者の心情に配慮し、拒絶の意思を示さなかったことを責めたり、そのことをもってセクハラには当たらないと判断したりすることのないよう留意が必要です。

　セクハラの事実が確認できた場合には、被害者、行為者の双方について、速やかに適切な措置を講じることが必要です。

　被害者に対する配慮のための措置として、被害者の状況に配慮した上で、事案の内容や状況に応じ、行為者との関係改善に向けての援助、配置転換、行為者の謝罪、被害者の労働条件上の不利益の回復、メンタルヘルス不調への相談対応を行います。もちろん、調停その他の中立な第三者機関による紛争解決案が示された場合には、それに従った措置を講じることになります。

　行為者に対する適正な措置として、行為者に対しては、就業規則などに従い、必要な懲戒その他の処分を行いま

す。例えば、当事者間の関係改善に向けた援助、配置転換、行為者の謝罪、行為者への処分などを検討することになります。

さらに、当事者への対応と合わせ、改めてセクハラに関する会社の方針を記載したパンフレットを配布したり、研修を行ったりするなどセクハラ防止に向けた周知・啓発を行い、再発防止策を講じます。この再発防止策は、セクハラの事実が確認できた場合はもちろん、できなかった場合にも講ずることが求められています。

セクハラ指針においても、セクハラの相談への対応や事後の対応にあたっては、相談者・行為者当のプライバシーを保護するため、例えば、窓口担当者に必要な研修を行ったり、あらかじめマニュアルを定めたりして窓口担当者が適切に対応できるような措置を講じることや、相談窓口においてはプライバシー保護のために必要な対応を行っていることを社内報などで周知することが挙げられています。

また、セクハラ指針では、従業員が職場におけるセクハラを相談したこと、または事実関係の確認に協力したことなどを理由として、不利益な取扱いを行ってはならない旨を就労規則などに定め、これを従業員に周知・啓発することも求められています。

(7) 男女雇用機会均等法改正

　2019年5月29日成立の女性活躍推進法改正法を受け、改正された男女雇用機会均等法には、職場のハラスメント防止策として、セクハラについて次のような内容が盛り込まれています。

ア　不利益取扱いの禁止の義務化

　セクハラ防止対策の実効性の向上については、まず、被害を受けた従業員が相談を行いやすくするとともに、二次被害を防止するため、従業員がセクハラに関する相談を行ったことや、セクハラに関する会社の調査に協力して事実を述べたことを理由として不利益な取扱いが行われないことが重要です。この点については、これまでもセクハラ指針に盛り込まれていましたが、一歩進んで、これを法律で禁止されました。

イ　会社の努力義務

　会社が、職場において行われるセクハラに対する従業員の関心と理解を深めるとともに、従業員が他の従業員に対する言動に必要な注意を払うよう、研修の実施その他の必要な配慮をするほか、事業主自らも、セクハラについての理解を深め、従業員に対する言動に注意するよう努めるべきとする努力義務が法律で明確に規定されました。

第1章　最近のハラスメント防止法改正などのあらまし　41

ウ　従業員の努力義務

　また、従業員も、職場において行われるセクハラに対する関心と理解を深めるとともに、他の従業員に対する言動に必要な注意を払い、職場のセクハラに関する会社の雇用管理上の措置に協力するよう努めるべき努力義務を法律で明確に規定されています。

エ　事業主の協力義務

　事業主は、自社の労働者が他社の労働者にセクハラを行い、他社が実施する雇用管理上の措置（事実確認等）への協力を求められた場合にこれに応じるよう努めることとされました。

　セクハラは、労働者の尊厳を損なう重大な問題である一方で、その内容の性質から、訴訟に訴えたり、第三者に相談したりすることを躊躇せざるをえないケースが少なくありません。そのため、会社は、これを未然に防ぐ職場環境を醸成することが肝要です。

　法改正を踏まえ、会社はもちろん、従業員も、セクハラに対する意識を向上させていくことが必要でしょう。

2 マタハラ防止に関する法改正・指針策定の動向

⑴ マタハラとは

皆さんは、マタニティハラスメント（マタハラ）という言葉を聞いて、どのような言動を指すのか、すぐ思い浮かぶでしょうか。

日本労働組合総連合会の調査によれば、妊娠経験のある女性労働者の25.6%が「マタハラを受けたことがある」としていて、かなり多くの女性労働者が、妊娠中にマタハラの被害に遭っていることがわかります。育児休業は男性も取得できるため、男性労働者もマタハラの被害者となることがあります。また、マタハラの加害者になるのは、男性労働者に限りません。

けれども、セクハラやパワハラに比べると、「マタハラ」の言葉としての認知度はまだ低く、その定義や要件は広く認識されていないようです。

法律でどのような定義をしているか、みてみましょう。男女雇用機会均等法11条の2第1項と育児介護休業法25条は、職場でマタハラが起きないよう、適切な措置を講じる義務を会社に課しています。これは、男女雇用機会均等法と育児介護休業法の改正により、2017年1月1日から新た

第1章　最近のハラスメント防止法改正などのあらまし　43

に会社に課されることとなった義務です。

【男女雇用機会均等法11条の2第1項】

事業主は、職場において行われるその雇用する女性労働者に対する当該女性労働者が妊娠したこと、出産したこと、労働基準法第65条第1項の規定による休業を請求し、又は同項若しくは同条第二項の規定による休業をしたことその他の妊娠又は出産に関する事由であって厚生労働省令で定めるものに関する言動により当該女性労働者の就業環境が害されることのないよう、当該女性労働者からの相談に応じ、適切に対応するために必要な体制の整備その他の雇用管理上必要な措置を講じなければならない。　　（下線は筆者による）

【育児介護休業法25条】

事業主は、職場において行われるその雇用する労働者に対する育児休業、介護休業その他の子の養育又は家族の介護に関する厚生労働省令で定める制度又は措置の利用に関する言動により当該労働者の就業環境が害されることのないよう、当該労働者からの相談に応じ、適切に対応するために必要な体制の整備その他の雇用管理上必要な措置を講じなければならない。

（下線は筆者による）

　つまり、マタハラとは、厚生労働省の「妊娠・出産・育児休業・介護休業等に関するハラスメント対策やセクシュアルハラスメント対策は事業主の義務です!!」によれば、「職場」において行われる上司や同僚からの言動（妊娠・出産したこと、育児休業などの利用に関する言動）により、妊娠・出産した「女性労働者」や育児休業などを申出・取得した「男女労働者」などの就業環境が害されることとされています。

　また、マタハラ防止のために会社が取るべき措置の具体的な内容について、厚生労働省が出している指針（「事業主が職場における妊娠、出産等に関する言動に起因する問題に関して雇用管理上講ずべき措置についての指針」「子の養育または家族の介護を行い、または行うこととなる労働者の職業生活と家庭生活との両立が図られるようにするために事業主が講ずべき措置に関する指針」。マタハラ指針）では、以下のような行為がマタハラに該当するとされています。

①　解雇その他の不利益な取扱い（男女雇用機会均等法9条3項、育児介護休業法10条など）

②　制度利用の妨げ

③　上司や同僚による嫌がらせ

⑵　マタハラはなぜいけないのか

　2016年度に厚生労働省が行った調査（「職場のパワーハラスメントに関する実態調査報告書」）では、パワハラが会社に与える影響として、以下のような項目が挙げられています。

・職場の雰囲気の悪化

・従業員の心の健康を害する

・従業員が十分に能力を発揮できない

・人材の流出

・職場の生産性の低下

・企業イメージの悪化

・訴訟による損害賠償などの金銭的負担が発生

　これはパワハラが与える影響についての項目ですが、マタハラについても同じような影響があるといえるでしょう。

　マタハラは、マタハラを受けた従業員のみならず、行為者や会社にとっても重大な結果をもたらす可能性のある問題です。働き方改革の一環として、2018年7月に労働施策総合推進法（旧雇用対策法）が改正されましたが、同法に基づき策定された「労働施策基本方針」（2018年12月28日閣議決定）でも、女性の活躍推進に向けた取組みとハラスメント対策を中心的施策の1つに据え、女性労働者が働きや

すい職場の推進を目指しています。

(3) マタハラ発生の原因や背景

マタハラはどのようなことから発生するのでしょうか。

マタハラの原因や背景には、業務の負担という要因が大きく関わっています。つまり、マタハラは、普段から業務の負担が過剰で、妊娠・出産・育児などで従業員が1人抜けると負担が重くなりすぎる職場で多く発生します。もともと過重労働で負担が重いため、その負担をさらに重くする人に対する怒りがわいてくることがあるのです。

また、マタハラ指針は、マタハラ発生の原因や背景には、以下のような事情があることを指摘しています。

・妊娠や出産などに関する「否定的な言動」が頻繁に行われるなど、制度等の利用や利用の請求をしにくい職場風土

・制度等の利用ができることの職場における周知が不十分であること

妊娠や出産などに関する「否定的な言動」とは、どのようなものでしょうか。

ア 直接的な言動

マタハラ指針では、「否定的な言動」について、「他の女性労働者の妊娠、出産等の否定につながる言動」と説明しています。「単なる自らの意思の表明」は「否定的な言動」

第1章 最近のハラスメント防止法改正などのあらまし 47

に当たりません。

　例えば、女性従業員が上司に妊娠の報告をしたところ、「お子さんが生まれちゃったら、仕事頼みにくくなるなぁ」などと述べるようなことは、「否定的な言動」に当たると考えられます。妊娠や出産、育児をすると、「仕事がもらえず干されてしまうのではないか」という不安は、妊娠や出産、育児を控えることにつながりやすいためです。

イ　間接的な言動

　妊娠や出産、育児などに関する否定的な言動は、妊娠した女性労働者に対して直接なされる言動に限られません。マタハラ指針は、「妊娠や出産等に関する否定的な言動」には、妊娠・出産等をしている女性労働者に直接行わない言動も含まれると明記しています。

　例えば、育児休業を取得中の女性従業員Aさんについて、別の従業員に対し、「Aさんが長く休んでいるから、みんなにしわ寄せがいって困る」と愚痴をこぼすことは、指針の指摘する否定的言動に当たります。出産後稼働率が下がった女性従業員について話しながら、「次に採用するのはやっぱり男にするか」などと採用担当者の間で話すようなことも、指針の指摘する否定的言動に当たると考えられます。

(4) マタハラの類型

では、マタハラにはどのようなタイプがあるのか、みてみましょう。マタハラ指針では、「制度等の利用への嫌がらせ型」と、「状態への嫌がらせ型」の2つの類型があるとしています。

ア 「制度等の利用への嫌がらせ型」

「制度等の利用への嫌がらせ型」とは、妊娠、出産、育児などをする労働者による、妊娠、出産、育児などに関する以下の制度や措置（「対象制度」）の利用に関する言動によって、就業環境が害されるものをいいます。男性労働者が対象となっている対象制度については、男性労働者もマタハラの被害者となりえます。

(ア) 妊娠中や出産後の健康管理に関する措置（産婦人科への通院や受診など）

(イ) 坑内業務や危険有害業務への就業制限

(ウ) 産前休業

(エ) 軽易な業務への転換（体力を使わない仕事への転換など）

(オ) 時間外労働、休日労働、深夜業の制限や、変形労働時間制での法定労働時間を超える労働時間の制限など

(カ) 育児時間関係

(キ) 育児休業

第1章　最近のハラスメント防止法改正などのあらまし　49

㈦　子の看護休暇

㈘　所定外労働、時間外労働、深夜労働の制限

㈙　育児のための所定労働時間の短縮措置（就業規則で措置が講じられている場合）

㈚　始業時刻変更などの措置（就業規則で措置が講じられている場合）

　「制度等の利用への嫌がらせ型」マタハラには、①解雇やその他の不利益な取扱いをほのめかすもの、②対象制度の利用の請求や利用をさせないようにするもの、③対象制度を利用したことにより嫌がらせをするものがあります。

　①　**解雇やその他の不利益な取扱いをほのめかすもの**

　従業員が対象制度の利用の相談、利用の請求、利用をしたことにより、上司が直接その従業員に対し、解雇やその他の不利益な取扱いをほのめかすものをいいます。例えば、次のような言動をいい、１回でもマタハラとなります。

・女性従業員が産前休業を取る相談を上司にしたところ、「休みを取るなら辞めてもらう」「休みを取るなら降格する」などと上司がいうこと

・時間外労働の免除について上司に相談したところ、「次の査定のときは昇進しないと思え」などと上司

がいうこと

**②　対象制度の利用の請求や利用をさせないようにする
もの**

従業員による対象制度の利用や利用の請求を妨げる言動
を、上司や同僚がその従業員に対して直接行うものをいい
ます。ただし、マタハラとなるのは、客観的にみて、一般
的な労働者であれば、対象制度の利用を諦めざるをえない
状況になるような場合です。

同僚が行う場合は1回ではなく、繰り返し、または継続
的にこのような言動を行った場合にマタハラに該当しま
す。

例えば、次のような言動が該当します。

・男性従業員が育児休業の取得について上司に相談し
たところ、「男のくせに育児休業を取るなんてあり
えない」といわれ、取得を諦めざるをえなくなった。
・育児休業を取るつもりだと周囲に伝えたところ、同
僚から「自分なら請求しない。あなたもやめたほう
がいい」といわれ、「でも自分は請求したい」と再
度伝えたが、再び同じようなことをいわれ、取得を
諦めざるをえない状況になった。

第1章　最近のハラスメント防止法改正などのあらまし　51

③ 対象制度を利用したことにより嫌がらせなどをする
　もの

　従業員が対象制度を利用したところ、上司や同僚が直接
その従業員に対し、（１回ではなく）繰り返しまたは継続的
に嫌がらせなどをすることをいいます。「嫌がらせ」と
は、嫌がらせ的な言動、業務に従事させないこと、または
専ら雑務をさせることをいいます。言葉によるものだけで
なく、必要な仕事上の情報を与えない、これまで参加して
いた会議に参加させないなどの行為もマタハラになりま
す。

　②と同じく、客観的にみて一般的な労働者であれば、能
力の発揮や仕事を続けることに重大な悪影響が生じるな
ど、その労働者が働く上で見過ごせない程度の支障が生じ
るような言動がこれに当たります。

　例えば、次のような言動が該当します。

・所定外労働の制限を請求して行っている従業員に対
　し、上司や同僚が「労働時間に制限がある人には、
　大した仕事は任せられない」などと繰り返し、また
　は継続的にいい、その労働者が専ら雑務のみをさせ
　られ、働く上で見過ごせない程度の支障が生じてい
　る。
・上司や同僚が「自分だけ短時間勤務をしているなん

て周りのことを考えていない。迷惑だ」などと繰り
返し、または継続的にいい、その従業員が働く上で
見過ごせない程度の支障が生じている。

イ 「状態への嫌がらせ型」

「状態への嫌がらせ型」とは、以下に挙げる事由を理由
とした言動により、女性労働者の就業環境が害されるもの
をいいます。

(ア) 妊娠や出産をしたこと

(イ) 産後休業により就業できないことや、産後休業を取得
したこと

(ウ) 妊娠、出産に伴う症状（つわり、妊娠悪阻、切迫流産、
出産後の回復不全など）により、労務を提供できなかっ
たり、労働の能率が下がったりしたこと

(エ) 坑内就業・危険有害業務を行うことができないことや
行わなかったこと

「状態への嫌がらせ型」マタハラには、①解雇やその他
の不利益な取扱いをほのめかすもの、②妊娠等をしたこと
により嫌がらせなどをするものがあります。

① 解雇やその他の不利益な取扱いをほのめかすもの

女性従業員が妊娠等をしたことにより、上司が直接その
女性従業員に対し、解雇やその他の不利益な取扱いをほの
めかすことをいいます。例えば、次のような言動をいい、

第1章 最近のハラスメント防止法改正などのあらまし　53

1回でもマタハラとなります。

・女性従業員が妊娠を報告したところ、上司が「他の
人を雇うので早めに辞めてもらうしかない」などと
いうこと

---

② **妊娠等をしたことにより嫌がらせなどをするもの**
　女性従業員が妊娠等をしたことにより、上司や同僚が直
接その女性従業員に対し、繰り返し、または継続的に嫌が
らせなどをすることをいいます。ただし、マタハラとなる
のは、客観的にみて、一般的な女性労働者であれば、能力
の発揮や仕事を続けることに重大な悪影響が生じるなど、
その労働者が働く上で見過ごせない程度の支障が生じるよ
うな場合です。例えば、次のような言動が該当します。

・上司や同僚が「妊婦はいつ休むかわからないから仕
事を任せられない」などと繰り返し、または継続的
にいって仕事をさせず、その女性従業員が働く上で
見過ごせない程度の支障が生じる状況となってい
る。
・上司や同僚が「妊娠するなら忙しい時期を避けるべ
きだった」などと繰り返し、または継続的にいい、
その女性従業員が働く上で見過ごせない程度の支障

が生じる状況となっている。

(5) マタハラに当たらない例

次に、マタハラには当たらない例について、みてみましょう。

・私の部下がもうすぐ育児休業を取得する予定です。2年間の育児休業を取得したいと相談されたので、「あまり長く休むとあなたのキャリア形成が難しくなるから、早めに復帰してはどうか」と促しました。

労働者は、法令上の権利として、最長2年間の育児休業を取ることができます。しかし、キャリア形成の観点からは、長期の休業が労働者本人に望ましくない場合もあります。これを踏まえて、会社と従業員の間で職場復帰のタイミングを話し合うことが想定されますので、会社が個々の従業員の事情やキャリアを考慮して、上の例のように、育児休業から早期に職場復帰するよう促すことは、マタハラに当たりません。マタハラ指針でも、「業務分担や安全配慮等の観点から、客観的にみて、業務上の必要性に基づく言動によるもの」はマタハラに当たらないとの考え方を示

第1章　最近のハラスメント防止法改正などのあらまし　55

しています。ただし、当然ながら、職場復帰のタイミング
は従業員の選択にゆだねられます。

　その他、以下のような言動も「業務上の必要性に基づく
言動」として、マタハラに当たらないとされています。

・従業員が対象制度を利用する期間の業務体制を見直
　すため、育児休業をいつからいつまで取得するのか
　上司が確認すること
・業務状況を考えて、体調の安定している妊娠した従
　業員に対し、上司が「次の妊婦健診はこの日は避け
　てほしいが調整できるか」と打診すること
・同僚が自分の休暇との調整をする目的で休業の期間
　を尋ね、変更を相談すること

　「状態」に関する言動の例としては以下のような言動が
挙げられます。

・上司が、長時間労働をしている妊婦に対して、「妊
　婦には長時間労働は負担が大きいだろうから、業務
　分担を見直して、あなたの残業量を減らそうと思う
　がどうか」と配慮すること
・上司・同僚が「妊婦には負担が大きいだろうから、
　もう少し楽な業務に変わってはどうか」と配慮する

こと

・上司・同僚が「つわりで体調が悪そうだが、少し休んだほうがよいのではないか」と配慮すること。妊婦本人にはこれまでどおり勤務を続けたいという意欲がある場合でも、客観的にみて妊婦の体調が悪い場合は業務上の必要性に基づく言動となります。

⑹ 会社が講じるべき措置

　マタハラは、被害者だけでなく、行為者や会社にも大きな悪影響を与えることがあります。そこで、会社には、マタハラを防止するための措置を取る法令上の義務が課されています（男女雇用機会均等法11条の2、育児介護休業法25条）。マタハラ指針によれば、会社が取るべきマタハラ防止のための措置には、以下の5つがあります。

ア　マタハラ禁止についての方針の明確化と、社内での周知・啓発

　会社は、次のような方法により、マタハラに対する自社の方針を明確にし、管理監督者を含むすべての従業員に対してよく周知させ、啓発しなければなりません。

・就業規則や社内報、パンフレット、社内ホームページ、掲示板、イントラネットなどで、マタハラの内

第1章　最近のハラスメント防止法改正などのあらまし　57

容、妊娠や出産などに関する否定的な言動がマタハラの原因や背景になりうること、マタハラに関する方針や対象制度の利用ができること、マタハラがあってはならず、厳正な処罰の対象となることなどを定め、配布し、研修や講習を実施する。

・就業規則などの服務規律を定める文書で、マタハラを行った者に対する懲戒規定を定め、その内容とマタハラ行為が懲戒規定の適用対象となりうることを周知・啓発する。

　会社や職場、職種などによって、発生するマタハラのタイプは異なりうるため、会社は、自社でどのようなマタハラが多いかを把握し、それに対応する方針を作り、周知させることが非常に大事です。例えば、妊娠した女性従業員には辞めてもらうという考えの会社では、妊娠の報告をした途端、「辞めてもらえないか」といわれるというようなマタハラが多くみられます。一方、人手が足りず、妊娠や出産などのライフイベントがあってもバリバリ働いてほしいという社風の会社では、多忙で従業員が1人でも抜けると困るため、出産し、復職した女性従業員が子供の病気などを理由に休みを取ると、「また休みを取るのか」、保育園のお迎えのために毎日定時で帰ると「みんな残っているのに5時に帰るなんてずるい」、というような発言でマタハ

ラがなされたりします。前者の会社では、「妊娠した女性従業員に対し、妊娠したことを理由として退職をほのめかすような言動をしてはならない」などのマタハラ防止規程は重要です。しかし、後者のような会社では、このような規定はマタハラ防止に大きな効果を発揮しないかもしれません。

　マタハラ防止に役立たない実効性に欠ける規定だけが存在しているという事態が発生しないよう、次のような点について、全従業員を対象としたアンケートを実施するとよいでしょう。

　・実際に自分が受け、または見聞きしたマタハラの言動
　・実際にどのような言動があって制度の利用や請求をしにくいと感じたか（「否定的な言動」に関する調査）。

　そして、アンケートで把握した自社で多いタイプのマタハラや「否定的な言動」の具体例を示しながら、自社でマタハラと捉えられ、またはマタハラの芽となる言動について、全従業員が理解できるガイドラインを作ることが大事です。

　また、アンケートで把握した、自社特有の「否定的な言動」を研修やポスターなどで繰り返し知らしめ、理解させ

第1章　最近のハラスメント防止法改正などのあらまし　59

ることが肝要です。マタハラ指針も、マタハラの原因や背景について従業員の理解を深め、これを解消しながら周知・啓発していくことがマタハラ防止の効果を高める上で重要だとしています。ただし、アンケート実施や共有、周知にあたっては、マタハラの被害に遭ったり、否定的な言動を受けたりした従業員のプライバシーに配慮しながら行うようにしましょう。

イ　マタハラについての相談体制の整備

　会社は、従業員からマタハラの相談があったときに、その内容や状況に応じて適切・柔軟に対応するため、次のような措置を講じなければなりません。

・相談対応窓口（相談対応者）をあらかじめ設けたり、外部の機関に相談対応を委託したりするなどして、相談に対応する制度を作る。

・相談窓口の担当者が、相談内容や状況に応じて人事部門と連携できる仕組みにしたり、あらかじめ作っておいた対応マニュアルに沿って対応できるようにしたりする。

　また、以下の措置も講じることが望ましいとされています。

> ・マタハラは、他のハラスメントと複合的に起こることも想定されるため、相談窓口ではマタハラだけでなく、セクハラその他のハラスメントの相談も受け付けることを明示する。

　相談窓口では、マタハラが現実に生じている場合だけでなく、発生のおそれがある場合や、マタハラに当たるか微妙な場合も、放置してマタハラに発展しないよう広く相談に対応し、適切な対応を行うようにしなければなりません。また、相談は、メールや電話など複数の方法で受けられるよう工夫しましょう。さらに、否定的な言動の相手は、妊娠・出産した女性従業員や対象制度を利用する男女従業員に限られませんので、否定的な言動を受けたそれ以外の従業員からの相談も受け付けるとよいでしょう。

　また、相談を受ける際、被害者の話に真摯に耳を傾け、相談者の意向を的確に把握することが大切です。被害者は、ハラスメントを受けた心理的影響から理路整然と話すことができない場合もありますので、忍耐強く話を聞くように努めなければなりません。

　相談者は、会社がどのような対応をしてくれるのか、非常に気にかけていますから、相談に対する会社の判断や、今後の対応について、相談者本人にフィードバックするこ

とも大事です。事実関係の調査や対応の検討に時間がかかる場合は、その状況や必要な期間についても、合わせて伝えるとよいでしょう。マタハラの態様により、状況を注意深く見守る程度のものから、上司や同僚などを通じて行為者に間接的に注意を促すもの、直接注意するものなど、対応方法は様々ですので、事案に即した措置を講じる必要があります。

ウ　マタハラの相談が発生したときの迅速・適切な対応

　会社は、マタハラの相談があった場合、事実関係を迅速・正確に確認し、適正に対処するため、以下の措置を講じなければなりません。

・相談窓口の担当者、人事部門、専門の委員会などが、被害者やマタハラを行った行為者、事実関係を迅速・正確に確認する（事実関係の主張に食い違いがある場合は第三者からも）。事実関係の確認が難しい場合は、都道府県労働局の紛争調整委員会による調停の申請を行うか、その他の中立な第三者機関に紛争の処理をゆだねる。

・マタハラの事実が確認できた場合、被害者に対する配慮の措置を適正に行う。例えば、被害者の職場環境の改善、制度利用ができるようにするための環境

整備、被害者と行為者の間の関係改善、行為者の謝
罪、被害者のメンタルヘルス対策措置など紛争調整
委員会による調停その他中立な第三者機関の紛争解
決案に沿った措置を講じる。

・マタハラの事実が確認できた場合、行為者に対する
措置を適正に講じる。例えば、就業規則などの服務
規律を定めた規定に従い、懲戒その他の措置を講じ
る、被害者と行為者の間の関係改善に向けた援助、
行為者の謝罪、紛争調整委員会による調停その他中
立な第三者機関の紛争解決案に沿った措置を講じる。

・マタハラの事実が確認できたか否かにかかわらず、
再発防止策を講じる。例えば、マタハラについての
会社の方針や制度の利用ができることと、マタハラ
の行為者には厳正に対処する旨の方針を、社内報、
パンフレット、社内ホームページ、掲示板、イント
ラネットなどで改めて掲載・配布したり、マタハラ
の研修や講習を改めて行ったりする。

　事実関係の確認に時間がかかることがありますが、被害
の拡大を防ぐため、事実関係の確認が完了していなくて
も、当事者の状況や事案の性質に応じて、被害者の立場を
考慮し、臨機応変に対応することが大切です。

　また、相談や事情聴取の際、被害者が「そっとしておい

第1章　最近のハラスメント防止法改正などのあらまし　63

てください」などということがあります。しかし、被害者は、ショックで混乱していたり、行為者の報復措置を恐れたりして、このような発言をすることもあります。ですから、被害者の発言に引きずられて、必要な措置を取らずに済ますことがないよう、取るべき適正な措置を慎重に判断しなければなりません。また、マタハラにより被害者が休業した場合に、その従業員が希望するときには、本人の状態に応じて原職や原職相当職への復帰ができるよう、積極的な支援を行わなければなりません。

　さらに、行為者に対する制裁を行う場合は、懲戒規定に沿った処分を行うだけでなく、行為者の言動がなぜマタハラに該当し、どのような問題があるのかを真に理解させることが再発防止の観点からも大切です。

エ　マタハラの原因や背景となる要因を解消するための措置

・妊娠・出産・育児をする従業員の周囲の労働者への業務の偏りを軽減するよう、適切に業務分担の見直しをし、業務の効率化をするなど、会社や妊娠等した従業員その他の従業員の実情に応じ、必要な措置を講じる。

・従業員自身も対象制度について知識を持つことや、周囲と円滑なコミュニケーションを図りながら体調

> に応じて適切に業務を遂行するという意識を持つこ
> となどを、社内報、パンフレット、社内ホームペー
> ジ、掲示板、イントラネットなどで普段から従業員
> に伝えるとともに、妊娠等した従業員に人事部門な
> どから個別に伝える。

　マタハラの原因や背景には、業務の負担という要因があ
ります。そこで、妊娠・出産・育児を行う従業員がそれま
で担当していた業務の負担が一部の人に偏ったりして不満
が発生しないよう、業務分担の見直しや効率化をすること
が肝要です。これは、対象制度を利用した従業員が円満に
職場復帰するためにも大事です。

　多様な働き方を認めることも、業務分担の見直しや業務
の効率化につながり、マタハラ防止に有効です。これは働
き方改革の流れにも沿うところです。例えば、皆が定時に
出社し、夜中まで残業している職場で、病気の子供を病児
保育室に預けた後、午前11時に出社したり、お迎えのため
午後5時に帰ったりすることは勇気が要りますし、周りの
目も厳しくなります。以下のような制度や配慮を組み合わ
せ、各従業員が自分の選択により普段から柔軟な働き方が
できるようにすることで、マタハラの原因となる不満が発
生しにくくなります。

第1章　最近のハラスメント防止法改正などのあらまし　65

- 在宅勤務
- 時間単位の有給の積極的な活用
- フレックスタイム
- 会議の予定は午後 5 時までに入れる
- 法令で請求できる限度を超えた時短勤務の延長

　また、職場全体でお互いにフォローし合う体制を作ることも重要です。これは、残業を減らすことにもつながります。例えば、以下のような仕組みが考えられます。

- 一人一人が専門の業務だけを行うのではなく、他の業務も行えるようにする多能工化（マルチスキル）を進める。
- 仕事量をグラフにして可視化し、業務の平準化をする。
- 社員がペアを組み、普段から情報共有しながら仕事を進める（ダブルアサインメント）。ある仕事をできるのが 1 人しかいないという状態をできる限り減らすため、メインで仕事をする人に必ずサブの人をつける。

　妊娠・出産し、育児を行う女性従業員だけでなく、その

他の男女従業員も働きやすい職場にすることが、業務分担の見直しと業務の効率化に欠かせない視点です。全社的な業務量を調整し、従業員が妊娠・出産の過程や育児に関与できる時間を増やすことも、妊娠や出産、育児などに対する知識や経験のなさなどからくる否定的な言動を減らすためには効果的です。

　さらに、周知・啓発にあたっては、制度の対象となる従業員だけでなく、制度利用の請求を受ける管理職や人事部門の従業員を含む全従業員によく周知していくことが大事です。例えば、労働基準法上、1歳未満の子供を育てる女性労働者が請求した場合は、普通の休憩時間のほかに、1日2回、少なくとも30分ずつの育児時間を与えることになっています（同法67条1項）。この育児時間は、1日のうちどの時間帯でも取得でき、2回分の育児時間をまとめて60分として取得することもできますので、例えば、保育園に迎えに行くため、終業時間前の1時間をこれに充てることも可能です。つまり、子供が1歳になるまでは、短時間勤務に変更しなくても毎日終業時間より1時間早く帰ることはできるのですが、このことを従業員ばかりか会社も知らないことが多く、就業規則などに記載がない場合も珍しくありません。ほかにも、例えば以下のような制度を従業員は利用することができ、これらを十分に周知していくことが大事です。

- ・妊娠中の女性従業員による軽易業務への転換請求
- ・時間外労働、深夜労働の制限

オ　マタハラを相談した場合のプライバシー保護や不利益取扱禁止などのルールの周知

　会社は、従業員に対し、次のような方法でルールを周知しなければなりません。

- ・マタハラの相談やマタハラ発生後の対応にあたっては、プライバシー保護措置をマニュアルに定め、相談窓口担当者はこれに従って対応する、相談窓口担当者にプライバシー保護の研修を行うなどの措置により、相談者や行為者のプライバシーを保護する。また、従業員が相談をためらわないよう、プライバシー保護の措置が取られていることを社内報、パンフレット、社内ホームページ、掲示板、イントラネットなどで従業員に周知する。
- ・従業員がマタハラの相談をしたことやマタハラの事実関係の確認に協力したことを理由として、不利益な取扱いをされることがないことを、就業規則、社内報、パンフレット、掲示板、イントラネット、社内ホームページなどで周知する。

(7) マタハラに関する行為者、上司、会社の責任

　マタハラの行為者は、民法上の不法行為責任を負い、被害者に対して損害賠償義務を負うことがあり（同法709条）、行為の態様によっては刑事責任を負うこともありえます。

　行為者を適切に監督することを怠った上司も、被害者に対する不法行為責任を負う可能性があります。また、行為が組織的に行われたマタハラの一環であった場合や、組織的マタハラを知りつつ放置したような場合は、会社自身が不法行為責任を負うことがあります。行為者が会社の事業の執行について行ったマタハラについては、会社は使用者責任（同法715条）に基づいて損害賠償義務を負うこともあります。

　また、会社には、雇用する従業員が生命や身体の安全を確保しつつ働くことができるよう配慮する安全配慮義務（労働契約法5条）のほか、雇用契約に付随する義務として、職場環境配慮義務があります。例えば、妊娠中の従業員が軽易な業務への転換を請求したにもかかわらず転換せず、その従業員の体調が悪化したような場合は、その従業員が身体の安全を確保しつつ働くことができなかったと考えられ、雇用主は安全配慮義務違反により、債務不履行責任（民法415条）を負うことになり、損害賠償義務を負う

第1章　最近のハラスメント防止法改正などのあらまし　69

可能性があります。マタハラ的発言が職場の同僚から頻繁になされ、妊娠・出産・育児をする従業員が業務に専念できないような状態がある場合、職場環境配慮義務違反により、雇用主は、やはり債務不履行責任を問われ、損害賠償義務を負う可能性があります。

(8) マタハラ防止に関わる法改正の審議状況

2019年5月29日、女性活躍推進法改正法が成立しました。同法に基づき改正された男女雇用機会均等法と育児介護休業法には、職場のハラスメント防止策として、セクハラと同様の以下のような内容がマタハラについても盛り込まれています。

ア 不利益取扱いの禁止の義務化

マタハラ防止対策の実効性向上のため、従業員がマタハラに関する相談を行ったことや、セクハラに関する会社の調査に協力したことを理由とする不利益な取扱いの禁止を法律で義務化されました。

イ 会社の努力義務

会社は、職場で行われるマタハラに対する従業員の関心と理解を深めるとともに、従業員が他の従業員に対する言動に必要な注意を払うよう、研修の実施その他の必要な配慮をするほか、自らも、マタハラについての理解を深め、従業員に対する言動に注意する努力義務が法律で明確に規

定されました。

ウ　従業員の努力義務

　従業員が、職場で行われるマタハラに対する関心と理解を深めるとともに、他の従業員に対する言動に必要な注意を払い、職場のマタハラに関する会社の雇用管理上の措置に協力する努力義務を法律で明確に規定されました。

3　カスタマーハラスメント防止に関する法改正・指針策定の動向

(1)　カスタマーハラスメントとは

　自社の従業員に対する「顧客や取引先からの暴力、悪質なクレームなどの著しい迷惑行為」が「カスタマーハラスメント」「クレーマーハラスメント」と名付けられ、今後、国や会社の対策が検討される方向性が下記のとおり打ち出されています。

　2018年3月、厚生労働省が設置した「職場のパワーハラスメント防止対策についての検討会」の報告書は、「顧客や取引先からの著しい迷惑行為」という一項目を設けました。

　報告書では、自社の従業員に対する「顧客や取引先からの暴力、悪質なクレームなどの著しい迷惑行為」を「「カスタマーハラスメント」「クレーマーハラスメント」など

第1章　最近のハラスメント防止法改正などのあらまし　71

特定の名前やその内容を浸透させることが有効ではないか」との意見が検討会で示されたとしています。

　パワハラ防止法の衆・参議院の附帯決議でもカスタマーハラスメントについての「雇用管理上の配慮」が求められたことを受け厚生労働省は、2020年春までに、消費者庁や中小企業庁と連携し、カスタマーハラスメント防止のための会社向け指針を策定する方針です。同指針は、会社に対し、①悪質なクレームは「職場のパワハラに値するもの」と認定し、②本人の希望に応じて配置転換ができるようにする、③カスタマーハラスメントの相談窓口を設けたりする、などの対応を要請するものとなると報じられています（日経新聞電子版2019年2月24日記事）。

　報告書では、カスタマーハラスメントが職場のパワハラと異なる面として、予防策を講じることが一般的には困難、顧客には就業規則が及ばない、顧客の要求に応じないことが事業の妨げになる場合がある、などの指摘もなされたと記載されています。

　他方、報告書は、使用者である会社には労働契約に伴う安全配慮義務があり、「一般的には、顧客や取引先など外部の者から著しい迷惑行為があった場合にも…労働者の心身の健康も含めた生命、身体等の安全に配慮する必要がある場合があることを考えることが重要」としました。

⑵　カスタマーハラスメントの法的責任

　カスタマーハラスメントに関して、どのような規制、法的責任が考えられるでしょうか。

　カスタマーハラスメントに関する国の指針は検討段階で、指針の具体的内容は明確になっていません。

　しかし、現時点でもカスタマーハラスメントを行った顧客に民法上の不法行為責任、場合により刑事責任が成立し、カスタマーハラスメントを放置した会社に使用者責任や従業員に対する安全配慮義務違反による損害賠償責任が成立する可能性があります。

　カスタマーハラスメントに関して、どのような規制、法的責任が考えられるかについて、実際にあったケースをもとにした以下の事例を用いて考えてみたいと思います。

【事例】

　ある金融機関の営業担当の女性社員Ａ子さん（25歳）は、投資信託の販売営業を行っていました。

　Ａ子さんの担当顧客Ｂさん（自営業、50歳）がＡ子さんに「これだけ投資信託を買ったが、大損した。お詫びにメシでもおごれ」といいました。

　Ａ子さんとしては、十分な説明を受けた上での投信の購入は自己責任であり、損が出たからといって食事

第1章　最近のハラスメント防止法改正などのあらまし　73

をご馳走することは社内ルールにも違反するため悩み
ましたが、BさんはA子さんの担当顧客の中では比較
的取引額が多く、契約を解約されてしまうと営業成績
が大きく下がってしまいます。

　そこで、A子さんはやむなくBさんを夕食へ誘いま
した。

　1軒目のレストランでA子さんが2人分の支払を済
ませたところ、Bさんは「帰り道が同じ方向だから途
中まで一緒にタクシーで帰ろう」といい、A子さんは
同乗しました。

　その際、タクシー車内でBさんは「オレ、A子のこ
と前から気に入ってたんだ。だから投信も買ったん
だ」といい、A子さんの口にキスをし、乳房を揉んで
きました。

　A子さんは「やめてください」と抵抗しつつ、自宅
の最寄り駅近くでBさんよりも先にタクシーを降りま
した。

　翌日、A子さんは所属部署の上司Cさんへ経緯を説
明し、「Bさんの担当を変えてください」と要請しま
した。

　ただ、BさんはA子さんを気に入って投信を購入し
ており、担当替えをした場合、契約を解約する可能性
が高いと考えられます。

Ａ子さんは事件以来、体調を崩し気味になり、頻繁に有給休暇を取っているようです。

　上司Ｃさんの対応次第で会社が責任を負うことはあるでしょうか。

　まず、顧客であるＢさんがＡ子さんの同意なくキスをし、乳房を揉んだ行為は、都道府県の迷惑防止条例（東京都迷惑防止条例５条１項１号、６カ月以下の懲役または50万円以下の罰金など）や、場合により強制わいせつ罪（刑法176条、６カ月以上10年以下の懲役）に該当しかねない違法行為であり、Ｂさんは刑事責任や、民法上の不法行為責任に問われる可能性があります。

　では、会社や上司Ｃさんの対応次第で会社に法的責任が生じることはあるでしょうか。

　上司Ｃさんとしては、営業成績を考え、「今度から食事の誘いなどは断るようにしつつ、継続して担当してほしい」といいたくなるかもしれません。

　あるいは、Ａ子さんが上司Ｃさんに「報告はしましたが、今後の仕事もあるのでそっとしておいてください。事を荒立てないでください」というかもしれません。

　しかし、例えばＡ子さんが「そっとしてほしい」といったとしても、会社が何も対応せず、今までどおりＡ子さんを問題の顧客Ｂさんの担当にし続けた場合、既に強い精神

的衝撃を受けているＡ子さんが、Ｂさんと接し続けることで本格的にうつ病を発症し働けなくなったり、場合により自殺に至ったりしてしまうかもしれません。

　この点、カスタマーハラスメントの事案ではなく、上司のセクハラの事案ですが、ある金融機関の事案で、支店長からのセクハラの報告を受けた直属上司の課長が被害者から「そっとしておいてください。事を荒立てないでください」といわれ、３カ月間何も対応せず、被害者がメニエル症、聴覚障害を発症し、結局、加害者と金融機関を提訴したケースで、金融機関の損害賠償責任が肯定された裁判例があります（京都地裁平成13年３月22日判決）。

　このようにハラスメント対応をしなかった会社が責任を問われることを考えると、上記事例のようなカスタマーハラスメントの事例でも、上司、会社が被害者の被害拡大を食い止める対応をしなければ、Ｂさんのみならず、会社が損害賠償責任を負うことも考えられます。

　上記［事例］のようなカスタマーハラスメントの事案を把握した場合、会社が使用者責任、安全配慮義務違反の責任を負うことを避けるためには、①まず加害者と被害者を引き離す、②被害者の相談に真摯に応じる、ことが必要と考えられます。

　上述した報道によれば、2020年春までに策定される予定の厚生労働省のカスタマーハラスメント指針では、本人の

希望に応じた配置転換、カスタマーハラスメントの相談窓口の設置などの対応を要請するものとなるとされています。

　カスタマーハラスメント指針の方向性は、現時点で考えられる上記のカスタマーハラスメント対応方針に合致するものといえるでしょう。

4　ハラスメント防止体制

⑴　会社や役員の責任を問われないために何をすべきか

　労働法違反やハラスメントの発生があったときに、会社が責任を負ったり、役員が個人責任を負ったりする事例が出始めています。そのような事態とならないためにはどのような措置を取る必要があるでしょうか。

　会社の使用者責任、安全配慮義務違反の責任や、会社法429条に基づく役員の責任を問われないようにするためには、①労働法違反状況、ハラスメント状況を把握する体制整備を行う、②それらを把握した場合は違反状況、ハラスメント状況を除去するアクションを取る、ということが必要です。

　裁判所は、①労働法違反状況、ハラスメントの発生状況を把握する体制整備を行っていなかった場合、②把握した

第1章　最近のハラスメント防止法改正などのあらまし　77

にもかかわらず、違反状況、ハラスメント状況を除去する
アクションを取らなかった場合などに、会社の責任や役員
の会社法429条の責任を認めることがあります。

　体制の整備やハラスメント除去措置を検討する際、国が
公表している以下のガイドラインなどが参考になります。

・セクハラについて「事業主が職場における性的な言
　動に起因する問題に関して雇用管理上講ずべき措置
　についての指針」（平成18年厚生労働省告示第615号）
　（セクハラ指針）
・マタハラについて「事業主が職場における妊娠、出
　産等に関する言動に起因する問題に関して雇用管理
　上講ずべき措置についての指針」（平成28年厚生労働
　省告示第312号）および「子の養育又は家族の介護を
　行い、又は行うこととなる労働者の職業生活との家
　庭生活との両立が図られるようにするために事業主
　が講ずべき措置に関する指針」（平成21年厚生労働省
　告示第509号）（マタハラ指針）
・パワハラについて「パワーハラスメント対策導入マ
　ニュアル〔第3版〕」

　これらのガイドラインに沿った整備を行っていれば、ハ
ラスメントを理由に会社や役員個人が損害賠償請求を受け

ても、体制整備を落ち度なく行ったことの主張・立証が行いやすくなるといえます。

　そのほか、内部通報制度の整備も適切に行えば、労働法違反状況、ハラスメント状況を把握する体制整備のために効果的です。

(2)　体制整備はどのように進めるべきか

　労働法違反状況、ハラスメント状況を把握するための体制の整備は、具体的にはどのように進める必要があるでしょうか。以下のようにPDCAサイクルを回していく方法が考えられます。

　ア　各部署、部門でどのような労働法違反・ハラスメント発生のリスクがあるかの洗い出し作業を行った上で、防止のための仕組み、発見した場合の報告体制の検討、検討結果の社内規程、運用ルールへの落し込み(Plan)

　イ　ルール適用開始(Do)

　ウ　ルールの運用状況のチェック(Check)

　エ　運用状況の問題点を改善(Act)

ア　Plan

　労働法違反状況、ハラスメント状況を把握するための体

制の整備を行うといっても、社内規程類のひな型をどこか
から持ってきて定め、形だけ整えたとしても、労働法違
反・ハラスメント発生の防止には不十分です。必要となる
ルールは、業界、従業員数など事業規模、ビジネスの特性
（営業中心か、製造中心かなど）、企業風土、社風などによっ
て異なってきます。自社や競業他社などでそれまでに起
こった労働法違反・ハラスメント事例などを検討し、弁護
士など専門家とも相談の上、自社にフィットした社内規
程・運用ルールを作成していく必要があります。

イ　Do

Planで策定したルールによる運用を開始します。

ウ　Check

　ルールを制定したからといって、すぐにうまく機能する
とは限りません。例えば、パワハラ防止規程を制定したも
のの、担当者以外は誰も読んでいない、その結果、依然と
して部下に暴言を吐いている者がいなくならない、あるい
は、内部通報制度はできたものの報復を恐れて誰も利用し
ない、などということが起こることもありえます。

　運用開始から半年後、１年後などの節目節目で、制度に
ついての匿名アンケートを取ったり、方法を工夫してヒア
リングをしたりして、うまく機能しているかどうかを
チェックする必要があります。

エ　Act

　チェック結果を踏まえた改善のためのアクションを行います。例えば、パワハラ防止規程のルールを担当者以外の社員が把握していないという問題点がわかった場合は、社員の階層別研修を実施する、周知のためのチラシ、イントラネットへの掲示を行うなどのアクションが考えられるでしょう。

⑶　労働法違反・ハラスメントの報告体制

　労働法違反・ハラスメントを発見した役職員が会社に報告する場合の報告体制はどのように整備する必要があるでしょうか。

　この点については、

> ・直属、ライン上の上司への相談など通常のレポートライン
> ・社内コンプライアンス部署などの内部通報窓口
> ・社外弁護士事務所、専門会社などの内部通報窓口

を利用しやすく、信頼される制度になるよう整備する必要があります。

　一定程度内部管理体制が整備された上場企業において従業員が不正を把握した場合に情報を伝達する可能性のある

先には、以下のようなものがあります。

・直属の上司に相談（通常のレポートライン）

・社内の内部通報窓口

・会社が法律事務所や専門会社などに設置した内部通報窓口

・マスメディア

・所轄官庁、警察、検察などの行政

・インターネット、SNSへの書き込み

　会社としては、直属の上司など通常のレポートラインへ相談しやすくなるような施策を取ることがまず重要です。また、一定以上の規模の会社であれば、社内の内部通報窓口を整備することも有用です。さらに、社内窓口だけでは従業員が相談をしにくいという場合は、社外の法律事務所・専門会社などに内部通報窓口を設置することも考えられます。

　新興市場も含む上場企業に適用されるコーポレートガバナンス・コード原則2-5.は「上場企業は、その従業員等が、不利益を被る危険を懸念することなく、違法または不適切な行為・情報開示に関する情報や真摯な疑念を伝えることができるよう、また、伝えられた情報や疑念が客観的に検証され適切に活用されるよう、内部通報に係る適切な

体制整備を行うべきである。取締役会は、こうした体制整備を実現する責務を負うとともに、その運用状況を監督すべきである」としています。

　なお、従業員の情報伝達先の「警察、検察」に対しては、今後は「司法取引の持ち掛け」が行われる可能性があります。

5　内部通報制度

(1)　内部通報窓口を運営する上での注意

　内部通報窓口を運営する上では、ハラスメントの被害者や、ハラスメントの目撃者などが報復を受けることを防止するために、情報提供者の秘匿と不利益取扱いの禁止が重要です。

　東証一部・二部上場企業に適用されるコーポレートガバナンス・コード補充原則2-5①は「上場会社は、内部通報に係る体制整備の一環として……情報提供者の秘匿と不利益取扱の禁止に関する規律を整備すべきである」としています。これは新規に上場する企業であっても、非上場企業であっても当てはまります。

　消費者庁が2016年12月9日に公表した「公益通報者保護法を踏まえた内部通報制度の整備・運用に関する民間事業者向けガイドライン」（内部通報制度ガイドライン）も、

第1章　最近のハラスメント防止法改正などのあらまし　83

「通報者等の保護」のために採るべき方針として「通報に係る秘密保持の徹底」と「解雇その他不利益な取扱いの禁止」を挙げています（8～11頁）。

　同ガイドラインは、「秘密保持の徹底」のための具体的施策として、以下の方法などを挙げています。

---

①　通報についての情報が共有される範囲を最小限にする

②　通報者の特定につながりうる情報は、明示の同意がない限り、情報共有が許される範囲外には開示しない

③　同意を取得する際には、開示によって生じうる不利益を明確に説明する

④　伝達相手には秘密保持を誓約させる

⑤　情報の漏洩は懲戒処分などの対象になる旨の注意喚起をする

⑥　通報内容が事実かどうかを調査する際には、定期監査と併せて行う、抜打ちの監査を装う、該当部署以外の部署でもダミー調査を行う、核心部分ではなく周辺部分から調査する、匿名アンケートを全従業員対象に定期的に行う

　ただし、上記のような施策は有用・必要ではあるもの

の、「秘密保持の徹底」には限界があります。

　例えば、上司から「営業の数字を今回も達成できなかったら死んでしまえ」と暴言を吐かれた部下Ａさんが内部通報窓口へ通報したとします。

　窓口担当者、コンプライアンス部門担当者だけの範囲にＡさんの氏名・役職などの情報共有を制限し（上記①）、定期監査と併せて調査する、他部門もダミー調査するなどしても（上記⑥）、結局、行為者の上司や、その上司の肩を持とうとする他の役職員は「急に会社が調査の動きをし始めた。これはＡが内部通報したな」と勘づく可能性はきわめて高いからです。

　そのため「解雇その他不利益な取扱いの禁止」や報復の防止がより重要になってきます。

(2)　内部通報者に対する「報復」を防止するための具体的な方法

　内部通報者に対する「報復」を防止するためには、以下が重要です。

・内部通報者に対する退職強要、不利益な異動、昇進・昇格の不当評価など「人事上の不利益」、仕事を与えない、無視するなどの「事実上の不利益」など「報復」を行った者に対しては懲戒処分を課すこ

とを就業規則に定める

・「報復」が起こった場合には必ず懲戒処分を発動する
　る

・「報復は絶対に許されない」ことを経営トップが折
　に触れメッセージを発すること

　内部通報制度ガイドラインでは、「経営トップの責務」
として、「通報に関する秘密保持を徹底するべきこと」と
などと併せて「適切な通報を行った者に対する不利益な取
扱いは決して許されないこと」についてのメッセージを継
続的に発することを求めています（同ガイドライン3頁）。
　また、報復を行った者に対する措置として「懲戒処分そ
の他適切な措置を講じることが必要である」としています。さらに、報復を行った者だけでなく、「通報等に関す
る秘密を漏らした者」「知り得た個人情報の内容をみだり
に他人に知らせ、又は不当な目的に利用した者」について
も懲戒処分その他適切な措置を講じることが必要として
（ガイドライン11頁）、「不利益な取扱い」つまり報復そのも
のだけでなく、報復を誘発しかねない行為についても抑止
措置が必要としています。また、加害者として通報された
者に対して、報復を行わないよう注意喚起をすることも必
要であるとしています（ガイドライン11頁）。
　内部通報制度は、常に報復発生のリスクをはらんだ制度

です。実際に、内部通報があり、それに基づく調査が行われた場合に、行為者が犯人探しを行ったり、報復を考えたりすることはめずらしくありません。したがって、報復を行った場合には厳格なペナルティが科せられることを周知し、発生した場合は実際に制裁を科すことが重要です。

(3) 内部通報制度認証

内部通報制度認証とは、消費者庁に指定された「指定登録機関」が、内部通報制度を適切に整備・運用していると認められる事業者を登録する制度です。

2004年の公益通報者保護法の成立の前後から、内部通報制度を設置する会社が増加しました。

同法成立から12年後の2016年の消費者庁の調査では、全国の上場事業者3,628社、非上場事業者1万1,372社の合計1万5,000社中、導入会社の比率は46.3％に上りました（消費者庁「平成28年度民間事業者における内部通報制度の実態調査報告書」11頁）。

しかし、内部通報制度を備えている会社において、結局、制度が機能せず、外部の行政やマスメディアなどへの通報により不祥事が発覚するケースが多くみられました。

このことから、消費者庁はじめ内部通報に関わる実務家、研究者の間では「形だけ設置しただけで機能していない会社が多いのではないか」という問題意識が共有される

第1章　最近のハラスメント防止法改正などのあらまし　87

に至りました。

　そこで、会社が自社の内部通報制度を実効的なものとするよう促すことを目的として、消費者庁が設置した「内部通報制度に関する認証制度検討会」の報告書が2018年４月に公表されました。これを受け、同年７月13日、消費者庁は「内部通報制度認証（自己適合宣言登録制度）実施要綱（消制度第172号）」を定めました。

　同要綱に記載されている内部通報制度認証は、次のような制度です。

　・会社が自社の内部通報制度が、消費者庁が公表している「公益通報者保護法を踏まえた内部通報制度の整備・運用に関する民間事業者向けガイドライン」に合致しているかどうかを自己評価
　・消費者庁から指定された登録機関が、会社からの申請に基づき自己評価結果を登録し、WCMSマークの使用を許諾

　WCMSとはWhistleblowing Compliance Management Systemの略です。WCMS認証を受ける指定登録機関の数は徐々に増えてきています。

　消費者庁が公表している「審査基準の概要イメージ」には、以下を含む44審査項目が挙げられています。

- 経営トップがメッセージを発信しているか
- 内部規程が整備されているか
- 周知のための研修を行っているか
- 内部通報担当者に対する教育・研修を行っているか
- 秘密保護措置
- 不利益取扱に対する懲戒処分の明文化をしているか

第 2 章

ハラスメント対策Q&A

Q1 パワハラの定義

パワハラとはどのようなことをいいますか

解 説

　パワハラとは、「同じ職場で働く者に対して、職務上の地位や人間関係などの職場内の優位性を背景に、業務の適正な範囲を超えて、精神的・身体的苦痛を与えるまたは職場環境を悪化させる行為」をいいます。

　厚生労働省は、2012年３月、「職場のパワーハラスメントの予防・解決に向けた提言」（職場のいじめ・嫌がらせ問題に関する円卓会議）を公表しました。この提言では、パワハラを「同じ職場で働く者に対して、職務上の地位や人間関係などの職場内の優位性を背景に、業務の適正な範囲を超えて、精神的・身体的苦痛を与えるまたは職場環境を悪化させる行為をいう」と定義しています。

　また、厚生労働省は、2018年３月、「職場のパワーハラスメント防止対策についての検討会報告書」を公表し、次の表のとおり、上で述べたパワハラの定義を３つの構成要素に分類し、それぞれの構成要素の具体的な内容を示しています。

パワハラについての厚生労働省のこれらの発表は、職場のパワハラの予防・解決に向けた取組みを強化するために、会社などに対する周知や啓発を目的として公表されたものです。法律や行政上の定めなどではありませんが、実務上、参考にすべき重要な指針といえるでしょう。

要　素	意　味	考えられる行為の 主な例
①優越的な関係に基づいて（優位性を背景に）行われること	・当該行為を受ける労働者が行為者に対して抵抗または拒絶することができない蓋然性が高い関係に基づいて行われること	・職務上の地位が上位の者による行為 ・同僚または部下による行為で、当該行為を行う者が業務上必要な知識や豊富な経験を有しており、当該者の協力を得なければ業務の円滑な遂行を行うことが困難であるもの ・同僚または部下からの集団による行為で、これに抵抗または拒絶することが困難であるもの
②業務の適正な範囲を超えて行われること	・社会通念に照らし、当該行為が明らかに業務上の必要性がない、またはその態様が相当でないものであること	・業務上明らかに必要性のない行為 ・業務の目的を大きく逸脱した行為 ・業務を遂行するための手段として不適当

第2章　ハラスメント対策Q&A　93

		な行為 ・当該行為の回数、行為者の数等、その態様や手段が社会通念に照らして許容される範囲を超える行為
③身体的もしくは精神的な苦痛を与えること、または就業環境を害すること	・当該行為を受けた者が身体的もしくは精神的に圧力を加えられ負担と感じること、または当該行為により当該行為を受けた者の職場環境が不快なものとなったため、能力の発揮に重大な悪影響が生じる等、当該労働者が就業する上で看過できない程度の支障が生じること ・「身体的もしくは精神的な苦痛を与える」または「就業環境を害する」の判断にあたっては、「平均的な労働者の感じ方」を基準とする	・暴力により傷害を負わせる行為 ・著しい暴言を吐く等により、人格を否定する行為 ・何度も大声で怒鳴る、厳しい叱責を執拗に繰り返す等により、恐怖を感じさせる行為 ・長期にわたる無視や能力に見合わない仕事の付与等により、就業意欲を低下させる行為

Q 2 「業務上必要な注意」と「パワハラ」の違い

「業務上必要な注意」と「パワハラ」をどう区別すればよいですか

解 説

　業務上必要な注意とパワハラとの線引きは難しく、事例ごとに判断せざるをえませんが、裁判例では人格攻撃に当たるかという観点を重視しています。

　上司は、自らの職位・職能に応じて権限を発揮し、部下に対して業務上の指揮監督や教育指導を行うという役割を遂行することが求められます。従業員が上司からの注意を不満に感じたりする場合でも、それが「業務上の適正な範囲」で行われている限り、パワハラには当たりません。しかし、業務上必要な注意とパワハラの線引きはとても難しく、自分は適正な範囲で注意をしたつもりだったのに、部下からパワハラといわれてしまったというような、パワハラをしている側にパワハラの自覚がないというケースが多いというのが現実です。

　何が「業務の適正な範囲」であるかは会社の文化や業種によって異なります。例えば、人命を預かるような危険な業務で、今まさに危険なミスをしようとしている部下に

第2章　ハラスメント対策Q&A　95

「危ない!!」と怒鳴って注意することは許されるかもしれません。しかし、そのような緊急の場面でなければ怒鳴って注意をする必要はありませんし、危険が伴わない業務であれば、怒鳴って注意しなければならない場面は少ないでしょう。

　もっとも、どのような業種や場面でも許されない指導方法もあります。例えば、殴る、蹴るなどの暴力を振るうことは、どの業務分野でも全く不要であり、部下に対して身体的な苦痛を与えるものですから、１回だけでもパワハラに該当する可能性が高いといえます。また、直接的な暴力でなくても、物を蹴ったり、机をたたいたりすることも、およそ必要のない行為であり、部下に対して大きな精神的苦痛を与えるものですから、パワハラに該当する可能性があります。

　このように直接的な暴力行為などがパワハラになることは当然ですが、それ以外の指導方法については、業務上必要な注意とパワハラとの境界線である「業務の適正な範囲」の線引きは大変難しい問題です。

　この線引きは一つ一つの事例をみて検討するほかありませんが、裁判例の傾向として、人格攻撃に当たるかという観点が重要視されていることを指摘することができます。

　例えば、部下のミスに対し、「役立たず」「給料泥棒」「死ね」などと、業務上の必要のない表現で部下の人格を

否定したり、攻撃したりする言動は、たとえ業務上の注意をする必要がある場面でも、違法なパワハラに当たる可能性が高いといえます。

　また、業種によっては他の社員や顧客の前で注意しなければならないことはあるでしょうが、わざと他の社員や顧客に聞こえるような大きな声で罵倒することが業務に必要であるとはいえないでしょう。同じことは、必要もないのに、わざわざ他の従業員をCCに入れてメールで叱る場合にもいえます。これらの行為は「業務の適正な範囲」を超えた見せしめや辱めの目的が含まれており、人格攻撃に当たるといえるでしょう。

Q 3 パワハラの行為類型

どのような行為がパワハラに当たりますか

解 説

　厚生労働省が2012年３月に公表した「職場のパワーハラスメントの予防・解決に向けた提言」（職場のいじめ・嫌がらせ問題に関する円卓会議）では、パワハラの定義について、「同じ職場で働く者に対して、職務上の地位や人間関係などの職場内の優位性を背景に、業務の適正な範囲を超えて、精神的・身体的苦痛を与えるまたは職場環境を悪化させる行為をいう」としています。

　そして、厚生労働省が2018年３月に公表した「職場のパワーハラスメント防止対策についての検討会報告書」では、次のとおり、パワハラの構成要素と「身体的な攻撃」「精神的な攻撃」「人間関係からの切り離し」「過大な要求」「過小な要求」「個の侵害」の６つの行為類型を挙げて整理しています。また、報告書では６つの行為類型のうち、前述のパワハラの定義の３つの構成要素（Ｑ１の表参照）を満たすと考えられるものと、そうでないものの具体例も示しています。パワハラに関する厚生労働省のこれらの発表

98

は、どのような行為がパワハラに該当するかを検討する上で、大変重要な指針であるといえます。

	3つの構成要素を満たすと考えられる例	3つの構成要素を満たさないと考えられる例
身体的な攻撃	・上司が部下に対して、殴打、足蹴りをする	・業務上関係のない、単に同じ企業の同僚間の喧嘩（①、②に該当しないため）
精神的な攻撃	・上司が部下に対して、人格を否定するような発言をする	・遅刻や服装の乱れなど社会的ルールやマナーを欠いた言動・行動が見られ、再三注意してもそれが改善されない部下に対して上司が強く注意をする（②、③に該当しないため）
人間関係からの切り離し	・自身の意に沿わない社員に対して、仕事を外し、長期間にわたり、別室に隔離したり、自宅研修させたりする	・新入社員を育成するために短期間集中的に個室で研修等の教育を実施する（②に該当しないため）
過大な要求	・上司が部下に対して、長期間にわたる、肉体的苦痛を伴う過酷な環境下での勤務に直接関係のない作業を命ずる	・社員を育成するために現状よりも少し高いレベルの業務を任せる（②に該当しないため）
過小な要求	・上司が管理職である部下を退職させるため、誰でも遂行可能な受付業務を	・経営上の理由により、一時的に、能力に見合わない簡易な業務に就かせる

第2章　ハラスメント対策Q&A　99

	行わせる	（②に該当しないため）
個の侵害	・思想・信条を理由とし、集団で同僚1人に対して、職場内外で継続的に監視したり、他の従業員に接触しないよう働きかけたり、私物の写真撮影をしたりする	・社員への配慮を目的として、社員の家族の状況等についてヒアリングを行う（②、③に該当しないため）

Q **4** 「身体的な攻撃」「精神的な攻撃」「人間関係からの切り離し」

パワハラに該当する「身体的な攻撃」「精神的な攻撃」「人間関係からの切り離し」とは具体的にはどのようなものですか

解 説

「身体的な攻撃」とは暴行、傷害などを指します。例えば、たたく、殴る、蹴る、胸倉をつかむ、ネクタイを引っ張るといった身体に対する暴力行為は、生命・身体に対する攻撃という点で直ちにパワハラになります。近年では、スポーツ界における「体罰」も問題となっていますが、たとえ、教育目的であったとしても、暴力行為は許されるものではありません。

また、直接的な暴力行為でなくても、身体に不快感を与える行為もこれに当たります。例えば、物を投げる、耳元で大声を出すといった行為、また、とても暑い、または寒い部屋で長時間仕事をさせる、扇風機の風を当て続けるといった行為も、被害者に身体面の不調を引き起こす可能性の高い行為であり、身体的な攻撃になります。

「精神的な攻撃」は脅迫・名誉毀損・侮辱・ひどい暴言などを指します。「役立たず」「給料泥棒」「死ね」などと

第2章　ハラスメント対策Q&A　101

人格攻撃に当たる暴言を吐くことはわかりやすい例ですが、ほかの従業員や顧客の前で叱責する、ほかの従業員をCCに入れたメールで叱責するなどして見せしめにすること、机をたたく、物を蹴るなどの威圧的な態度を取ること、侮辱に当たるようなあだ名で呼ぶことなども精神的な攻撃に当たるでしょう。また、上司が気に入らない部下に対して、十分な指導をせずに放置すること、職場で発生した問題（ほかの従業員の持ち物が紛失した場合など）について、何の根拠もなく犯人であると疑うことなども精神的な攻撃に含まれます。

　「人間関係からの切り離し」は隔離・仲間外し・無視などを指します。具体例としては、ほかの従業員たちが働いている部屋から移動させて小部屋に隔離する、病気でもないのに自宅待機とする、意図的に会議や打合せから外す、仕事を割り振らないなどの行為が挙げられます。また、職場の飲み会や社員旅行などの任意的な行事であっても、ほかの従業員の多くが参加する行事であるのに、あえて呼ばないことはパワハラに該当する可能性があります。

Q5 「過大な要求」「過小な要求」

パワハラに該当する「過大な要求」「過小な要求」とは具体的にはどのようなものですか

解 説

「過大な要求」とは、業務上明らかに不要なことや遂行不可能なことの強制、仕事の妨害などをいいます。

よく問題となるのはノルマです。上司が部下のモチベーションアップや成長のために、あえて当人の能力よりも高いノルマを課し、ノルマ達成のために叱咤することは直ちにパワハラになるとはいえませんが、明らかに過大なノルマを課し、達成できない従業員に対して暴言を吐いたり、減給や降格などの不利益を課したりするなどして強制することはパワハラに該当する可能性が高いといえます。どの従業員にとっても過大なノルマを課すことはもちろん、一部の優秀な従業員でなければ実現が困難なノルマを、そのような能力のない従業員に課すことはパワハラに該当する可能性があります。

また、実現困難な納期を設定し、納期の厳守を強いることもパワハラに該当する可能性があります。業種によっては、そもそも当初は実現困難な納期が設定され、その後、

第2章　ハラスメント対策Q&A　103

納期が延期されていくということもありうるでしょうし、そのような納期を設定すること自体が直ちにパワハラになるとはいえませんが、そのような納期の厳守を強制し、長時間労働させることはパワハラに該当する可能性が高いといえます。

　ノルマや納期を守れない者の名前を職場に大きく掲げたり、ほかの従業員がみている前で罰ゲームをさせたりするなどして見せしめとすることは、「精神的な攻撃」にも当たる行為ですが、ノルマや納期への強制という点でもパワハラに該当する可能性が高いといえます。

　そのほか、英語が苦手な従業員を海外業務に就かせる、十分な指導を行わないまま、過去に経験のない業務に就かせるといった行為も、そのような業務に就かせるやむをえない経営上の理由がない限り、パワハラに該当する可能性があります。

　「過小な要求」とは、業務上の合理性なく、能力や経験とかけ離れた程度の低い仕事を命じることや仕事を与えないことをいいます。例えば、退職などによって担当者がいなくなったことによる一時的な措置であるというような理由もなく、豊富な経験を有する管理職に対して誰でもできるような簡易な業務を行わせるなどの行為は、嫌がらせや退職勧奨目的など不当な理由で行われるものといえ、パワハラに該当する可能性が高いといえます。また、本来は外

104

部に委託しているような職場の清掃や草むしりなどを、経営上の理由もなく特定の従業員に課すこともパワハラに該当する可能性があります。

Q6 パワハラに該当する「個の侵害」

パワハラに該当する「個の侵害」とは具体的にはどのようなものですか

解 説

　「個の侵害」とは、私的なことに過度に立ち入ることをいいます。多くの人にとって他人に自分のプライベートに過度に立ち入られることは大きな精神的苦痛になります。

　もっとも、職場における健全な人間関係を築くためには、従業員同士の適度なコミュニケーションは必要ですし、また、会社は従業員の私生活や家族（例えば、子育てや親の介護）に対する配慮も必要ですから、従業員同士の会話の中でお互いの家族や私生活上の出来事に触れること、上司が部下の私生活や家族について尋ねることが直ちにパワハラに該当するとはいえません。しかし、業務上の必要もないのに、従業員のプライベートをしつこく詮索することは、かえって職場の環境を害するものですし、従業員に精神的な苦痛を与えるものとしてパワハラに該当する可能性があります。

　勤務時間外の時間に対する干渉もパワハラになる可能性があります。例えば、職場の飲み会への参加をしつこく求

106

めること、不参加の理由をしつこく聞くことなどが挙げられます。また、勤務態度が悪く、私生活も乱れている部下に対して業務上の必要な注意をする際に、私生活も改めるように促すことは構いませんが、使用者といえども、従業員の私生活について指導監督する権限はありませんから、業務上の注意を超えて、部下の私生活を監視すること（例えば、携帯電話を取り上げる、預金通帳を預かるなど）はパワハラに該当する可能性が高いといえます。

　そして、「個の侵害」における重要な事項として、個人の思想・信条に関する問題があります。従業員の思想・信条を理由として、職場内外で継続的に監視したり、ほかの従業員に接触しないように働きかけたり、賃金等の労働条件について、差別的な取扱いをしたりすることはパワハラに該当する可能性が高いといえます。また、従業員の思想・信条について詮索することもパワハラに該当する可能性が高いといえます。労働基準法も、使用者に対し、労働者の信条を理由として差別的取扱いをしてはならないと定めており（同法３条）、使用者は、従業員の思想・信条には特に配慮する必要があります。

Q7 LGBTに対するパワハラ

LGBTの従業員に対するどのような言動や取扱いが
パワハラに該当しますか

解 説

　まず、LGBTの従業員に、「気持ち悪い」「会社に来る
な」などの人格攻撃に当たる暴言や侮辱に当たる発言をす
ることや、「ホモ」「オネエ」などと差別的なあだ名で呼ぶ
ことは「精神的な攻撃」によるパワハラに当たる可能性が
あります。

　また、従業員の服装や身だしなみを注意することは直ち
にパワハラになるとはいえませんが、LGBTの従業員に
対する配慮は必要であり、例えば、髪を伸ばしている
LGBTの男性従業員に対して「髪を切らないのなら会社
を辞めろ」と注意することは「精神的な攻撃」に該当する
可能性があります。

　さらに、LGBTの従業員のトイレや更衣室をどうする
かは大変難しい問題であり、LGBTの従業員に「トイレ
を使うな」などと発言することは「精神的な攻撃」に当た
る可能性があります。

　「人間関係からの切り離し」の具体例として、LGBTの

108

従業員を無視したり、飲み会や社員旅行に呼ばなかったりすることが考えられます。社員旅行ではLGBTの従業員の部屋割りなどでも配慮する必要があるでしょう。

　また、LGBTであることと業務適格性は直ちに結び付くものではありませんから、例えば、長年、営業の仕事をしていた従業員がLGBTであることをカミングアウトした場合に、LGBTであることを理由に営業職から外し、単純な事務作業しか与えないようなことは「過小な要求」のパワハラに当たる可能性があります。

　LGBTであることは高度なプライバシー情報であり、カミングアウトをするかどうかは本人が決めることです。したがって、女性のような言動をすることがある男性の従業員に対して「ゲイなんじゃないのか」などとしつこく詮索すること、LGBTの同僚のことを勝手に上司や同僚にばらしたり、「会社や職場にばらすぞ」などといって脅したりすることは「個の侵害」に当たる可能性があります。会社によって様々な取組みがなされているとは思いますが、世間のLGBTに関する理解はまだまだ十分であるとはいえません。LGBTの従業員と周りの従業員との間には様々な問題が起こる可能性がありますから、従業員の言動には常に注意する必要があるでしょう。

Q 8 パワハラの法的責任

パワハラを行った場合、行為者にはどのような責任が
生じますか

解 説

　パワハラの行為者に生じる責任を大きく分けると、刑事
責任と民事責任、そして人事上の制裁が挙げられます。

　パワハラが各種犯罪に該当する場合、行為者には刑事責
任が生じます。

　例えば、殴る、蹴るといった身体に対する直接の暴力行
為は暴行罪（刑法208条）が成立します。また、暴力の結
果、相手が負傷すれば、傷害罪（同法204条）が成立しま
す。脅迫、名誉毀損、侮辱は、それぞれ脅迫罪（同法222
条）、名誉毀損罪（同法230条）、侮辱罪（同法231条）が、精
神的な攻撃によって被害者が精神疾患を発症すれば、傷害
罪が成立する可能性もあります。

　また、パワハラの被害者が人格権等の権利利益を侵害さ
れ、様々な損害を被った場合、行為者は、民事責任（民法
709条の不法行為責任）により損害賠償義務を負う可能性が
あります。

　行為者が、パワハラの被害者に対して支払うべき賠償金

110

としては、被害者が受けた精神的苦痛に対する慰謝料が挙げられます。また、被害者が身体的に負傷したり、うつ病などの精神疾患を発症したりした場合には、入通院費などの治療費の賠償も必要となる可能性があります。さらに、パワハラによって被害者が休業、退職を余儀なくされ、収入が減少した場合には、その賠償が必要となる可能性もあります。被害者が休業、退職すれば、会社に損害が発生する場合もあり、行為者は、被害者だけでなく、会社に対しても損害賠償義務を負う可能性があります。

　以上に加え、パワハラの行為者は、会社からの人事上の制裁による責任を負います。人事上の制裁とは、使用者（会社）から行為者に対する懲戒処分のことです。

　従業員は、労働契約上、会社の運営や職場の環境を乱したり、ほかの従業員の就業を妨害したりしてはならないという企業秩序・職場秩序を遵守する義務（職場秩序遵守義務）を負っています。使用者は、企業秩序・職場秩序を維持するために、このような義務に違反する行為（非違行為）をした従業員に対して懲戒処分を行うことができます。懲戒処分には、訓告、戒告、減給、出勤停止、諭旨解雇、懲戒解雇などがあります。懲戒処分は非違行為の性質・態様その他の事情に照らして社会通念上相当なものである必要があり（労働契約法15条）、懲戒処分の重さは非違行為の悪質性を加味して決められますが、パワハラの内容

第2章　ハラスメント対策Q&A　111

が重大である場合や、パワハラを何度も繰り返している場合には、重い懲戒処分を受ける可能性があります。

Q9 パワハラによる会社の責任

パワハラが行われた場合、会社にはどのような責任や不利益が生じますか

解 説

　パワハラが行われ、被害者の人格権などの権利利益が侵害されて損害が発生した場合、会社には、様々な理由によって民事責任が生じえます。例えば、数人の従業員で構成される零細企業などで、会社代表者によるパワハラが行われたり、大企業でも、パワハラに当たる不当労働行為や人事考課上の不利益取扱いが行われたりする場合など、パワハラが、会社ぐるみで行われたと評価される場合には、会社そのものの不法行為として、民法709条に基づく民事責任を負う可能性があります。

　また、会社は使用者として、従業員が会社の業務において第三者に与えた損害を賠償する必要があり、これを使用者責任といいます（民法715条）。パワハラの行為者に民法709条の不法行為責任が生じる場合、使用者である会社も被害者に対して使用者責任に基づく損害賠償義務を負う可能性があります。

　さらに、会社は、従業員に対して、報酬を与えるという

第2章　ハラスメント対策Q&A　113

雇用契約上の本来的義務のほかに、信義則（民法1条2項）上の付随的義務として、物理的・精神的に良好な状態で就業できるように職場環境を整備する義務（安全配慮義務、職場環境配慮義務）を負っています。これらに基づき、会社には、従業員の安全で快適な就労の妨げになるパワハラを服務規律で禁止して、その発生を防止するとともに、パワハラが発生した場合には、直ちに是正措置を講ずべき義務があります。使用者が、このような労働契約上の安全配慮義務や職場環境配慮義務を怠った場合、不法行為（民法709条）や債務不履行（同法415条）に基づく損害賠償義務を負います。

　また、会社には、パワハラの被害者に対する民事責任以外にも様々な不利益が生じます。例えば、労災保険制度では、会社の保険料負担が公平になされることと、労働災害防止の努力を一層促進することを目的として、その事業場で発生した労働災害の数に応じて、一定の範囲内で労災保険率または労災保険料を増額させる制度（いわゆるメリット制）があります。このメリット制の適用を受けている会社は、従業員がパワハラを受けて精神疾患に罹患し、労災認定を受けると、労災保険料を増額されてしまうことになります。

Q10 パワハラ発生時の法的責任以外のリスク

パワハラが発生した場合、法的な責任以外にどのようなリスクがありますか

解 説

　会社でパワハラが発生した場合、会社は法的責任以外にも、会社内外で、レピュテーションリスク、人材の流出や確保困難、関係者のメンタルヘルス問題、従業員のモチベーションの低下など、様々なリスクにさらされます。

　まず、会社のレピュテーションリスクですが、例えば、従業員がパワハラを苦に自殺し、それが新聞やテレビなどで大きく報道され、その結果、会社がいわゆる「ブラック企業」として、世間から大きな批判を受けたとします。このようなことが起きると、株主や取引先、消費者などの会社に対する社会的評価は大きく損なわれ、株価の低下、取引の打切り、売上げの減少などを招くリスクがあります。また、優秀な人材が会社を敬遠して、人材確保に支障を来すリスクがあります。社会的耳目を引く事件には発展しなくても、パワハラが横行しているような会社であれば、就職情報の口コミサイトやSNSなどのインターネットを通じて、そのような情報が社会に拡散され、やはり「ブラッ

第2章　ハラスメント対策Q&A　115

ク企業」として、会社の社会的評価が損なわれるリスクがあるといえるでしょう。

　また、パワハラは会社内にも様々な問題を生じさせます。パワハラの被害者がうつ病にかかって休業することになれば、その従業員が担当していた仕事はもちろん、その従業員が所属している部署全体の士気が下がり、業務も滞るリスクがあります。また、パワハラの加害者が出勤停止、解雇などの懲戒処分を受ければ、加害者がいた部署でも同じような事態が起こるリスクがあるでしょう。

　パワハラの当事者以外の従業員に対する影響も深刻です。パワハラが行われている部署では、たとえ、自分はパワハラの当事者ではなくても、パワハラ行為を目撃することで強い不快感を受け、職場の人間関係や職場関係が大きく悪化してしまうかもしれません。さらに、パワハラに対処できなかった会社に対する信頼が損なわれ、従業員の仕事に対するモチベーションも失われ、人材の流出を招くリスクもあります。パワハラが会社ぐるみで組織的に発生したものであれば、そのようなリスクはより大きく深刻なものになるでしょう。

Q11 パワハラ防止法上の防止義務違反による会社の責任

パワハラ防止法の防止義務に違反した場合、会社はどのような責任を負いますか

解 説

　会社は、パワハラについての相談窓口を設置するなどの雇用管理上の措置を講じることが義務付けられています（労働施策総合推進法30条の2第1項）。また、労働者がパワハラの相談を行ったことや、パワハラの相談への対応に協力した際に、事実を述べたことを理由として、事業者が解雇その他の不利益な取扱いをすることが禁止されています（同条2項）。

　そして、厚生労働大臣は、パワハラ防止法の施行に関し必要があるときは、事業主に対して、助言、指導または勧告をすることができ（同法33条1項）、是正勧告を受けた会社が、その勧告に従わなかったときは、その旨を公表することができます（同条2項）。そこで、会社が、パワハラ防止法の防止義務に違反した場合には、厚生労働大臣から是正指導や是正勧告などの行政処分を受ける可能性があり、さらにその勧告に従わないと、悪質な企業として、会社名などが公表されてしまう可能性があります。

第2章　ハラスメント対策Q&A　117

また、厚生労働大臣は、会社から、上記のパワハラ防止義務（同法30条の２第１項および第２項）の施行に関し必要な事項を求めることができ、会社がこれに違反して報告しなかったり、虚偽の報告をしたりすると、20万円以下の過料の対象となります（同法33条１項・２項、36条１項、41条）。

　パワハラ防止法の防止義務に違反した場合、会社が負う責任をまとめると以下のようになります。

①　厚生労働大臣からの是正指導や是正勧告などの行政処分

②　①の勧告に従わない場合は、会社名などの公表

③　パワハラ防止義務の施行に関する報告をしなかった、または虚偽報告をした場合は20万円以下の過料

　会社がパワハラ防止法上の防止義務に違反して厚生労働大臣から行政処分を受け、また、悪質な企業として会社名などが公表されれば、会社は「ブラック企業」として社会的評価が大きく損なわれてしまいます。このことは、パワハラ防止義務の施行に関する報告義務違反によって過料の制裁を受けたときも同様です。

Q12 パワハラ防止法上の防止対策の期限

パワハラ防止対策は、いつまでに取る必要がありますか

解 説

　労働施策総合推進法の施行日は、国の施策の部分（同法４条14号）を除き、公布の日（2019年６月５日）から起算して１年を超えない範囲内において政令で定める日とされています。

　したがって、会社は、公布の日から１年以内に、雇用管理上の措置義務（同法30条の２第１項）を講じる必要があります。ただし、中小企業については、パワハラの防止に関するノウハウや専門知識が乏しいことなどから、その負担を軽減するため、公布の日から３年以内の政令で定める日までは、雇用管理上の措置は努力義務とされています。

　なお、ここでいう中小企業とは、以下のいずれかの要件を満たす事業主を指します。

・国、地方公共団体および行政執行法人以外の事業主であって、その資本金の額または出資の総額が３億円以下であるもの（ただし、小売業またはサービス業を主たる事業とする事業主については5,000万円、卸売業を主たる事業と

第２章　ハラスメント対策Q&A　119

する事業主については1億円以下であるもの）

・その常時使用する労働者の数が300人以下であるもの
（ただし、小売業を主たる事業とする事業主については50
人、卸売業またはサービス業を主たる事業とする事業主に
ついては100人以下であるもの）

　会社においては、施行日（中小企業については政令で定め
る日）までに、労働施策総合推進法が定める雇用管理上の
措置義務に対応する必要があります。

Q13 パワハラ防止法上で会社に求められるパワハラ防止対策

会社にはどのようなパワハラ防止対策が求められるようになりますか

解 説

労働施策総合推進法では、会社が講じるべき措置等の適切かつ有効な実施を図るため、厚生労働大臣が必要な指針を定めるとしています（同法30条の2第1項から3項）。

具体的な内容は、指針の策定を待つ必要がありますが、これまでの議論状況を踏まえると、会社は、パワハラ防止対策として、(1)会社の方針等の明確化、周知・啓発、(2)相談窓口等の体制整備、(3)事後の迅速・適切な対応、(4)その他の対応（プライバシー保護・不利益取扱禁止の周知等）を求められると考えられます。

具体的には、次のように考えられます。

(1) 会社の方針等の明確化、周知・啓発

会社は、パワハラが許されないものであることを明確にし、周知することが求められます。たとえば、社内報、パンフレット、社内ホームページ、掲示板、イントラネットなどにパワハラに関する注意事項を記載して周知したり、周知・啓発のための研修や講習等を実施したりすることが

第2章 ハラスメント対策Q&A 121

考えられます。また、就業規則などで、パワハラを行った者に対する懲戒規定を定め、その内容を従業員に周知・啓発することが考えられます。

(2)　相談窓口等の体制整備

パワハラにあった人やパワハラを見聞きした人からの相談に適切に対応するため、必要な体制を整備することが必要です。例えば、相談に対応する担当者をあらかじめ決めておいたり、相談に対応するための制度設計をしたりして、相談窓口を設置することが考えられます。

(3)　事後の迅速・適切な対応

実際に従業員からパワハラの相談を受けたときは、それ以上の被害拡大を防ぐために、迅速かつ適切な対応が求められます。

ア　事実関係の確認

まず、相談者や行為者、さらに同僚等の第三者からも事実関係を聴取し、メール等の客観的な資料も収集するなどして事実関係を適切に把握する必要があります。もっとも、相談者がパワハラ被害を知られたくない場合もありうるので、事実調査をどのように行うかは、相談者の意向を踏まえながら慎重に検討する必要があります。

イ　当事者への対応

パワハラの当事者に対しても適切な対応を取る必要があります。パワハラ被害者については、事案の内容や状況に

応じて、被害者と行為者の間の関係改善に向けた援助を行うとか、被害者と行為者を引き離すことが適切である場合には、そのために必要かつ適切な配置転換を行うことが考えられます。なお、当然ですが、配置転換という名目でパワハラ被害者を降格させたり、能力に見合わない業務につかせたりすることは許されません。

また、行為者からの謝罪が必要と考えられる場合もありますし、被害者に労働条件上の不利益が生じているような場合にはそれを回復することも必要です。被害者がパワハラによって精神的な不調に陥っている場合には、休養させるなどして、その健康状態に配慮することが必要です。

同時に、就業規則のパワハラに関する規定に基づいて必要な処分等を下すなど、パワハラの行為者に対する対応も適正に行われる必要があります。

⑷　**その他の対応（プライバシー保護・不利益取扱禁止の周知等）**

パワハラに関する相談者・行為者等の情報はプライバシーに属するものを含むことがあるため、相談を受けるときや事後対応に際しては、相談者・行為者等のプライバシーに配慮する必要があります。相談窓口の担当者や人事担当者など、パワハラの相談・調査・処分に関わった者はもちろん、単にその事実を見聞きしただけの他の従業員にも、配慮を求める必要があります。そのため、プライバシー保

第2章　ハラスメント対策Q&A　123

護についても、従業員に周知・啓発をするとよいでしょう。

　また、職場のパワハラについて相談したり事実確認に協力したりしたことが、解雇や労働条件の悪化などの不利益な取扱いにつながってしまっては、誰も相談・協力をしなくなり、パワハラ防止対策は機能しなくなってしまいますので、例えば、就業規則などにおいて、従業員がパワハラに関し相談をしたことや事実関係の確認に協力したこと等を理由として、その従業員が解雇等の不利益な取扱いをされることがない旨を規定した上で、従業員に周知・啓発をすることが考えられます。

Q14 パワハラ発生時のための会社の体制整備

パワハラが発生したときのために、会社はどのような体制を整え、従業員はどのように備えておく必要がありますか

解説

　パワハラが発生したときのために、会社は以下のような体制を整えておく必要があります。また、従業員は、周知されている制度に日頃から気を配り、パワハラから身を守る術を身につけておくとともに、自らがパワハラ加害者とならないよう、会社のパワハラ方針をよく理解するよう努めておくとよいでしょう。

- ・パワハラ禁止についての方針の明確化と社内での周知・啓発
- ・パワハラについての相談体制の整備
- ・パワハラの相談が発生したときの迅速・適切な対応
- ・相談者や行為者のプライバシー保護に必要な対応や周知
- ・不利益取扱禁止とその旨の周知

第2章　ハラスメント対策Q&A　125

もう少し具体的にみてみましょう。

1　パワハラ禁止についての方針の明確化と社内での周知・啓発

　会社は、パワハラを禁止する自社の方針を就業規則やパワーハラスメントポリシーなどに定め、これを配布、研修、社内報、パンフレット、社内ホームページ、掲示板、イントラネットなどへの掲示などで周知させなければなりません。パワハラ禁止の方針を定めるにあたっては、社内アンケートを実施するなどして、自社で実際に発生している（または発生しそうな）パワハラの例を具体的に把握し、このようなパワハラを防ぐような内容とすることが大事です。また、パワハラ行為者には厳正に対処することも、懲戒規定などと併せて定めておく必要があります。

2　パワハラについての相談体制の整備

　また、相談窓口を設置し、相談担当者を決めて、相談があった際に担当者が利用する相談対応マニュアルを作成します。相談窓口は、社内報、パンフレット、社内ホームページ、掲示板、イントラネットなどでよく従業員に周知させ、プライバシーが保護されることとプライバシーを保護する仕組みが実際にあることを併せて知らしめ、きちんと機能するようにしておくことが大切です。相談方法は面談

に限ることなく、電話や手紙、メールなど、柔軟に対応しましょう。相談は、パワハラの被害者だけでなく、行為者、パワハラを見聞きした第三者からも受けられるようにしておきます。

3　パワハラの相談が発生したときの迅速・適切な対応

　パワハラが発生した場合、事実関係を迅速に調査し、確認しましょう。ただし、事実関係の確認が完了していなくても、当事者の状況や事案の性質に応じて、被害者の立場を考慮し、臨機応変に対応することが大切です。パワハラの事実が確認できた場合は、事案に応じ、被害者の職場環境の改善、制度利用ができるようにするための環境整備、被害者と行為者の間の関係改善、行為者の謝罪、被害者のメンタルヘルス対策などの措置を取ります。行為者に対しては、就業規則など服務規律を定めた規定に従い、懲戒処分などを検討します。パワハラについての会社の方針やパワハラ行為者には厳正に対処することなどを、改めて周知させ、研修や講習を行うなどの再発防止策も重要です。

第2章　ハラスメント対策Q&A　127

4 相談者や行為者のプライバシー保護に必要な対応や周知

　相談者のプライバシーが確保されるようにするため、相談していることが周囲にわからないよう、部屋の場所や仕組みを工夫しましょう。相談者や行為者のプライバシー保護のために取っている仕組みをあらかじめマニュアルに定め、相談窓口担当者はそのマニュアルに従って対応するようにしておくとよいでしょう。

5 不利益取扱禁止とその旨の周知

　従業員がパワハラの相談をしたことや、パワハラの事実関係の確認に協力したことを理由として、不利益な取扱いをされることがないことを、社内報、パンフレット、社内ホームページ、掲示板、イントラネットなどで周知しましょう。行為者が不利益な取扱いをした場合、パワハラ行為とは別途懲戒処分の対象となりうることも、併せて定め、周知します。

Q15 パワハラ防止対策の社内規程

パワハラ防止対策として、どのような社内規程が必要ですか

解 説

　その会社でパワハラに当たると考える行為とパワハラに当たらないと考える行為の具体例や、パワハラ防止のための心構え、パワハラ発生時の調査手続、懲戒規定などを定める規程が必要です。

　パワハラの防止には、パワハラを絶対に許さないトップの姿勢を示すことが重要です。そこで、まず、パワハラを禁じるメッセージをトップが出し、これを社内報、パンフレット、社内ホームページ、掲示板、イントラネットなどに掲載します。

　また、パワハラを禁止する自社の方針を就業規則やハラスメントポリシーなどに定める必要があります。パワハラ禁止の方針を作るにあたっては、まず、全社的アンケートなどにより、以下の点を把握する必要があります。これは、会社の文化や業種によって、パワハラと捉えられる行為や、何を「業務の適正な範囲」と考えるかが異なるためです。

第2章　ハラスメント対策Q&A　129

- 社内で実際にどのようなパワハラが発生したか、または発生するおそれがあるのか
- 自社ではどのような行為をパワハラと考えるのか
- 指導の範囲内であって、パワハラには当たらないと思った行為はどのような行為か

　行為者が悪意でいじめをしているようなケースを除き、パワハラをしている自覚がある人は少なく、加害者として調査の対象となると衝撃を受ける人が多くいます。これは、どのような行為がパワハラとなるのかを十分認識していないためです。何がパワハラに当たるのか、社内で認識を共有し、繰り返し周知することがとても重要です。

　アンケート結果をもとに、自社で禁止されるパワハラ行為を具体例とともに定めます。就業規則などに細かい具体例を載せることが難しければ、詳細はハラスメントポリシーに定め、これを就業規則で引用してもよいでしょう。「業務の適正な範囲」内の行為であって、パワハラには当たらない行為の具体例も、併せて示しましょう。指導とパワハラの線引きはとても難しく、「指導しているつもりだったのにパワハラといわれた」というケースが後を絶ちません。パワハラ防止は重要ですが、パワハラといわれることを恐れ、委縮してなすべき指導をしないことがないよう

にすることも、同じく重要です。

　以下のような心構えや視点も社内規程の一つであるパワハラの方針に記載しておくと、パワハラの防止に効果的です。

【パワハラを防ぐための心構えや視点】

・有休をきちんと取らせる（「残業が多く、休みが取りづらい職場」でパワハラが発生しているとの厚生労働省の調査結果があります）。

・部下に裁量を持たせる。

・コミュニケーションを心掛ける（「上司と部下のコミュニケーションが少ない職場」でパワハラが多く発生しているとの厚生労働省の調査結果があります）。

　また、パワハラの相談や訴えがあった場合の調査手続も、社内規程に定めておかなければなりません。具体的には、相談を受け付ける窓口や担当者、相談者や行為者のプライバシーが保護されること、調査を実施する機関（社内の調査委員会や人事部、社外の専門家など）について、記載します。従業員の調査協力義務や、パワハラを見聞きしたら相談窓口に通報することなども、定めておくとよいでしょう。さらに、パワハラ行為者には厳正に対処することも、懲戒規定などと併せて定めておく必要があります。

第2章　ハラスメント対策Q&A　131

Q 16 相談窓口の設置と運用

どのような相談窓口を設置するとよいですか

解 説

　相談窓口は、設置するだけでは足りず、実際に機能するようにしなければなりません。従業員にとって、パワハラを相談することはとても勇気が要ることですから、相談しやすい窓口にするための工夫が必要です。

1　相談窓口の周知

　厚生労働省のモデル事業に参加した会社のうち、相談窓口を設置している会社の従業員を対象に行ったアンケート調査では、相談先が明確であると考えている従業員の割合は、4割にも達していませんでした。せっかく相談窓口を設置しても、それが従業員に認識されていなければ、意味がありません。相談窓口を設置したら、その窓口を社内報、パンフレット、社内ホームページ、掲示板、イントラネットなどで従業員によく周知することが大事です。なお、社内に相談窓口を設置する代わりに、外部の機関に相談対応を委託しても構いません。

2　プライバシーの確保

　上述のアンケート調査で、相談窓口が明確だと答えた従業員でも、安心して相談できると考えている人の割合は、4割を僅かに上回る程度でした。これでは、相談先がはっきりわかっていても相談をためらってしまうおそれがあります。

　そこで、まず、相談をしていることが周囲からわからないような部屋や、会話が周囲から聞こえないような場所を確保することが重要です。

　また、必要がないにもかかわらず、相談を受けた担当者が相談内容を漏らすことはないことと、窓口での対応にとどまらず解決のために必要な場合は、相談者の了解を得た上で必要な範囲で情報を開示することがあることを説明する必要があります。このような説明の手続は、相談担当者が相談を受けるときに利用するマニュアルにも記載しておきましょう。このように、プライバシーが保護されることとプライバシーを保護する仕組みが実際にあることを併せて知らしめることが大切です。

3　相談の受け付け方

　相談は直接の面談に限ることなく、電話や手紙、メールでも受け付けるなど、柔軟に対応しましょう。また、相談

は、パワハラの被害者だけでなく、行為者、パワハラを見聞きした第三者からも受けられるようにしておきましょう。

4 受け付ける相談内容

相談は、パワハラに当たるか微妙な場合や発生のおそれがある場合にも広く受け付けるようにしましょう。パワハラは、セクハラ、マタハラなど他のハラスメントと複合的に起こることも想定されるため、相談窓口ではパワハラだけでなく、他のハラスメントの相談も受け付けることを明示するとよいでしょう。

5 相談を受けた後のフォロー体制

相談窓口に相談したにもかかわらず、その結果がどうなったのかが相談者にわからないままでは、真摯に対応してもらえたのかわからず、不信感が生まれます。これでは相談窓口を利用してもらえないようになりかねません。相談について必要な調査などを迅速に行い、その結果どのように判断したかや、その後の対応について、相談者本人にフィードバックすることも非常に重要です。

Q17 パワハラ防止の研修

パワハラ防止のためには、どのような研修を行うとよいですか

解 説

　パワハラ防止の研修は、次の2つを目標として行うとよいと思われます。

【パワハラ防止研修の2つの目標】

・パワハラ加害者を作らないようにすること

・パワハラ被害者にならないようにすること

1　パワハラ加害者を作らないための研修

　パワハラ加害者を作らないという視点から、研修には、以下の点を含めることが重要です。

(1)　パワハラ防止の方針と理由

　パワハラを絶対許さないという断固とした姿勢とトップのメッセージを明らかにします。パワハラが組織に与える悪影響について理解させます。

第2章　ハラスメント対策Q&A　135

⑵　パワハラの内容とルール

パワハラの定義、自社がパワハラと考える行為や、業務上必要な指導の範囲に含まれ、パワハラに当たらない具体例を示し、パワハラについての自社のルールを周知させます。

⑶　パワハラの予防方法

コミュニケーションをまめにすることを研修で伝えます。

⑷　加害者への対処方針

パワハラを行った者には厳正に対処することや、適用される懲戒処分などについて説明します。

⑸　パワハラの加害者や会社の責任

パワハラの加害者や加害者の監督を怠った上司は不法行為責任、加害者を雇用する会社は不法行為責任や債務不履行責任により、被害者に対して損害賠償義務を負うことがあることを、実際に裁判例などを説明しつつ理解させます。

⑹　相談窓口の周知

相談窓口の体制（担当者、連絡先、連絡方法など）、プライバシーが守られるべきこと、パワハラの相談をしたことにより不利益な取扱いをしないことなどを説明します。

⑺　パワハラの通報者などへの対処

パワハラを通報したことや事実関係の確認に協力したこ

とを理由として、不利益な取扱いをしないことなどを説明
します。

2　パワハラ被害者にならないための研修

　パワハラ被害者にならないという視点から、とくに一般
従業員向けの研修には、以下の点も含めたほうがよいでし
ょう。

⑴　コミュニケーションを密にすること

　メールでなく電話、電話より対面でコミュニケーション
を図ることの重要性を説明します。

⑵　業務上必要な指導はパワハラではないこと

　部下が上司から指導や注意を受けることは当然にあると
いう意識をしっかり持たせ、業務上必要な指導はパワハラ
にならないことを説明します。

⑶　協調性を軽視しないこと

　協調性は、組織で円滑に業務を行うために欠かせませ
ん。協調性が人事評価の対象となることと併せて、パワハ
ラの被害者とならないための自己防衛策であることを説明
します。

⑷　相談窓口の詳細

　相談窓口の体制（担当者、連絡先、連絡方法など）、プラ
イバシーが守られることを説明します。

第2章　ハラスメント対策Q&A　137

(5) パワハラを見聞きした場合の対処

パワハラを見聞きした場合は通報すること、パワハラの事実関係の確認に協力したことを理由として、不利益な取扱いがされないことなどを説明します。

研修は、新入社員、中途採用者を含め、入社時に必ず行うほか、全従業員に対して定期的に行いましょう。勤務時間が短く研修が難しいパートタイマーなどには、入社時などの相談窓口の案内、ポスター掲示、研修資料の配布などにより、研修内容を周知させましょう。

また、パワハラ加害者やパワハラ被害者を出さないという２つの観点から、研修は管理監督者と一般従業員を分けて行うのが効果的です。パワハラの社内アンケートを行い、常に社内のパワハラ状況を把握し、アンケート結果を研修に反映することも大事です。研修は、人事部など社内の人が行っても、外部の専門家に講師を依頼しても構いません。

Q 18 パワハラ発生後の初動対応

従業員からパワハラの訴えがあった場合、まずはどう
対応すべきですか

解 説

　パワハラの訴えに対する対応が不適切であると、被害が
拡大したり、後に従業員から不法行為責任や債務不履行責
任を問われたりすることもあります。対応を誤ることがな
いよう、パワハラの訴えがあった場合の対応を定めてお
き、迅速な初動を取れるようにしておくことがきわめて重
要です。大きく分けて、①相談内容の把握と意向の確認、
②事実関係の確認、③事実関係の評価と対応、④関係者の
フォロー、が必要です。

1　相談内容の把握と意向の確認

　パワハラの訴えがあった場合、まずは相談者の話をよく
聞き、相談の意図を的確に把握することが大切です。被害
者からの相談の場合、ショックや混乱などから話がわかり
にくいこともありますが、辛抱強く、詰問口調にならない
ように気を付けながら話を聞きましょう。

第2章　ハラスメント対策Q&A　139

2 事実関係の確認

　相談者の了解を得た上で、事実関係の確認をしましょう。行為者から話を聞く際、報復措置が厳に禁じられることを明確にします。相談者と行為者の話が一致しない場合は、目撃者、同様の被害に遭っている者など、第三者からも話を聞きます。情報が漏れないよう、守秘義務は徹底させるようにしましょう。必要に応じ、弁護士など外部の第三者の協力を得て調査を行います。

3 事実関係の評価と対応

　事実関係を確認した結果、パワハラがあったと判断できる場合、状況に応じ、社内規程に従い、相談者・行為者への注意や指導、人事異動、懲戒処分などを行います。パワハラがあったとは判断できないものの、そのままでは事態が悪化する可能性があり、何らかの対応が必要な場合も、言動にどのような問題があったかを明確にし、人事異動や行動の改善などを促します。

4 関係者のフォロー

　相談者と行為者には、調査を行ったことや確認した事実関係に対する会社の考え方、取った対応を説明しましょう。その際、行為者や相談者の言動の問題点をよく説明

140

し、再発しないよう理解を得るようにします。繰り返す傾向のある行為者については定期的な面談を行い、モニタリングを行うなど、継続的なフォローも欠かせません。

　パワハラの予防に効果があるのが、外部専門家による①感情コントロール研修と、②コミュニケーションスキルアップ研修（対人関係構築研修）です。これらの研修の有効性は、2018年に厚生労働省がまとめた報告書でも指摘されています。「アンガーマネジメント」と呼ばれる研修を実施し、一定の成果を上げている大手の会社も存在します。これは、行為者だけでなく、相談者の言動が問題発生の一端となったような場合には相談者にも受けさせることで効果が期待できます。

第2章　ハラスメント対策Q&A　141

Q19 パワハラ発生後の同じ職場での加害者と被害者の勤務

パワハラの加害者と被害者とを同じ職場のままとしておいて問題ないですか

解 説

パワハラの事実が確認できた場合、以下の理由から、加害者を被害者と同じ職場（顔を合わせる可能性のある距離にある職場）で就労させることが適切でないことがあります。

【加害者と被害者を同じ職場で就労させることが適切でない理由】

・同じ職場のままにしておくと、加害者による報復行為の可能性があること

・同じ当事者間で、パワハラが再発する可能性があること

・加害者のパワハラ行為により、もはや加害者との信頼関係を回復できない程度に被害者が委縮している場合があること

この場合、再発を防ぎ、被害者の安全な就労環境を守る

ため、加害者と被害者の就労場所を離すことを検討すべき
です。加害者を配置転換させるのが通常ですが、配置転換
先が限定的であるなど、特別の事情がある場合は、被害者
を異動させることもありえます。

　ただし、配置転換の結果、住居の移転をしなければなら
ない場合は、慎重な判断が必要です。住居の移転は、生活
に大きな影響を与えるからです。加害者の場合、加害者の
行ったパワハラ行為の程度と比較して、配置転換により加
害者が被る不利益があまりに大きすぎないか検討する必要
があります。加害者が被る不利益がパワハラ行為の程度と
比較して大きすぎ、配置転換できない場合は、上述の３つ
の問題点がカバーできるよう、例えば以下のような配置転
換に代わる措置を取る必要があります。

(ア)　報復行為が厳に禁じられ、報復行為を行うと懲戒処分
　　の対象となりうることを加害者に徹底する

(イ)　加害者と被害者から定期的に状況を聞くなどして、パ
　　ワハラが再発しないよう加害者をモニタリングする

(ウ)　例えば被害者の直属の上司が加害者であった場合、別
　　の者を直属の上司にするなど、指揮命令の系統を変える

第2章　ハラスメント対策Q&A　143

Q 20 被害者がうつ病で休職した場合の対応

被害者がうつ病に罹患して休職した場合、どのように対応すればよいですか

解 説

　休職中の待遇や休職期間、連絡先などをよく説明し、休職中も引き続き労務管理を行います。

　パワハラにより、被害者がうつ病や適応障害などの精神疾患を発症してしまうケースがあります。6都道府県労働局が取り扱ったパワハラに関するあっせん事案について、独立行政法人労働政策研究・研修機構が実施した調査（厚生労働省「職場のパワーハラスメント防止対策についての検討会報告書」で引用）によれば、職場のパワハラによりメンタルヘルスに何らかの不調を来した者は、全体の35.2％にも上っています。

　メンタルヘルスの不調を来すケースでは、パワハラの相談段階からその兆候があることがあります。相談を受ける担当者は、そのサインを見逃さないよう注意しなければなりません。相談者自身が不調についていい出さない場合でも、「よく眠れていますか」「頭痛、耳鳴り、めまい、吐き気などが頻繁にあったりしませんか」などの質問を交えつ

つ事実関係を聴き取り、不調のサインの発見に努めましょう。「死にたい」「何が正しいことなのかわからなくなってきた」「眠れない」などの発言があったような場合は、産業医などの医療の専門家に引き継ぐことも検討する必要があります。

　被害者がうつ病などの精神疾患を発症している様子がうかがわれる場合は、医療機関の受診を勧め、診断書の提出を求めましょう。基本的には任意に受診してもらえるよう勧めますが、精神疾患の状態がひどく、もはや適切な労務の提供が困難なレベルであったり、周囲の者の労務提供にも悪影響が出ていたりするような場合は、会社の指定する医療機関における受診を業務命令として出すことを検討します。就労が不可能な状態となった場合は、社内規程で定める休職事由に該当することを確認し、休職命令を発令します。

　このため、どのような事由が発生した場合に休職命令を発することができるかについて、以下のような点を就業規則や休職規程などに定めておく必要があります。

【就業規則や休職規程に定める休職命令の内容】
・継続的な欠勤がどの程度の期間に及んだ場合に休職命令を発することができるか。
・会社が必要と判断したときは、休職前および休職期

間中、会社指定医との面談や指定医の受診、診断書
の提出を求めることができること

・休職できる期間（延長の可否も含む）

・休職期間中の賃金の支払の有無

・複数回の業務外傷病があった場合に、休職期間を通
算するか否か。

・復職できる程度に治癒した場合は、復職命令を出す
ことができること

　休職に入る従業員は不安も多いと思われますので、休職
期間中の待遇や、傷病手当金の案内、会社の指揮命令には
引き続き服すること、体調管理、休職期間中の連絡・相談
先、最長の休職期間などを丁寧に説明するとよいでしょ
う。

　休職中も雇用関係は継続しますので、会社は従業員の労
務管理を行うことができ、また、安全配慮義務を負いま
す。従業員の方も、人事権に服することになります。これ
を前提に、会社は、休職期間中も休職事由が引き続き存在
することを確認するため、休職中に従業員に診断書や経過
の報告を求めることができます。

Q21 パワハラをやめさせる方法

職場でパワハラを受けているのですが、やめさせる方法はありますか

解 説

　上司への報告などにより会社にパワハラをやめさせる方法、労働局の個別労働紛争解決の援助の申立てを行う方法、弁護士会などが主催するADRを利用する方法、裁判手続を利用する方法、警察に被害届を出す方法などがあります。

1　上司への報告などにより会社にパワハラをやめさせる方法

　まず、考えられる方法は、上司などにパワハラの事実を報告して、会社にパワハラをやめさせることです。会社には従業員に対する安全配慮義務がありますから、従業員の安全な就労の妨げになるパワハラを服務規律で禁止してその発生を防止し、パワハラが発生した場合には、行為者を注意し、懲戒処分を行うなどして、パワハラをやめさせる義務があります。パワハラ相談窓口がある会社であれば、窓口に相談してみるのがよいでしょう。もっとも、会社に

第2章　ハラスメント対策Q&A　147

相談してもパワハラがやまない場合や、そもそも会社全体にパワハラが蔓延しているような場合には、別の方法を考える必要があるでしょう。

2 労働局の個別労働紛争解決の援助の申立てを行う方法

その方法の1つとして、各都道府県に設置された労働局に個別労働紛争解決の援助の申立てを行うことが挙げられます。労働局は、従業員と会社の間で紛争が生じた場合に、当事者の一方から援助の申立てがあった場合にはその解決のために助言や指導を行うことができます（個別労働関係紛争の解決の促進に関する法律4条）。また、労働局に設置された紛争調整委員会にあっせんの申請を行うこともできます（同法5条以下）。紛争調整委員会は、弁護士、大学教授等の労働問題の専門家である学識経験者により組織された委員会であり、労働局ごとに設置されています。紛争調整委員会は、紛争当事者間の調整を行い、話合いを促進することにより、紛争の円満な解決を図り、両当事者が希望した場合は、両者が採るべき具体的なあっせん案を提示することもできます。ただし、労働局における上記各手続は、従業員と会社の間の紛争解決手段であり、パワハラ行為者との紛争を解決する手続ではないこと、あくまで当事者の任意の解決を促すものにすぎず、強制的な解決手段

ではないことに注意が必要です。

3　弁護士会などが主催するADRを利用する方法

　また、弁護士会などが主催するADRを利用することもできます。ADRとは「Alternative Dispute Resolution」の略称で、裁判外紛争処理手続のことをいいます。ADR手続は弁護士など法律の専門家が紛争の当事者の間に立ち、中立的な立場で両者の話合いを促す手続です。都道府県の各弁護士会に紛争解決センターが設置されており、ADRを申し立てることができます。ただし、ADRもあくまで当事者の任意の解決を促すものにすぎず、強制的な解決手段ではありません。

4　裁判手続を利用する方法

　労働局やADRを利用してもパワハラがやまない場合や、最初から強制的な解決手段でパワハラをやめさせたい場合には、弁護士に依頼して、裁判手続を利用することが考えられます。例えば、パワハラの行為者を相手方としてパワハラをやめさせる仮処分命令の申立て、パワハラの行為者やパワハラをやめさせる義務を怠った会社を相手方として精神的な苦痛を受けたことによる損害賠償金の支払を求める民事訴訟の提起、会社を相手方としてパワハラをやめさせると同時に、今後の再発防止策を講じるよう求める

第2章　ハラスメント対策Q&A　149

労働審判などがあります。どの手続で裁判を申し立てるか
は事案によって異なりますので、依頼する弁護士と話合い
をして決めていくほうがよいでしょう。

5　警察に被害届を出す方法

　また、パワハラが犯罪行為に該当するような悪質なもの
である場合には、警察に被害届を提出したり、告訴したり
することも考えられます。

Q22 被害者が復職する場合の対応

被害者が休職から復職する場合、どのように対応すればよいですか

解 説

定められた基準に基づき復職の可否を判断し、復職プランを作成します。復職後は、プランに沿った就業がなされているか定期的にチェックし、必要に応じてプランの見直しをします。

休職していた被害者の休職期間満了時期が近付いてきたら、その従業員が復職できる程度に治癒しているかどうかを判断する必要があります。復職できるほど回復していないにもかかわらず、復職命令を出し、復職後に傷病が再発して悪化したりした場合、安全配慮義務違反により、会社が損害賠償責任を負うことにもなりかねませんので、慎重に判断しなければなりません。

就業規則には、どの程度まで治癒した場合に復職を認めるかについて、判断の基準を定めておくとよいでしょう。原職に復帰できるほどには回復していない場合でも、より軽易な業務が現実的に配置可能であり、雇用契約上職種に限定がなければ、会社にはそのような業務への配置を検討

第2章　ハラスメント対策Q&A　151

する義務があるとするのが最近の裁判例の傾向ですので（東京地裁平成16年３月26日判決（独立行政法人Ｎ事件）、大阪地裁平成20年１月25日判決（キヤノンソフト情報システム事件）など）、これを考慮して復職の可否を検討することになります。

　また、復職の可否の判断は会社がしますが、判断にあたっては、休職者の主治医の意見や産業医の意見も参考にします。産業医は会社の業務について詳しく知っている一方で、精神疾患の専門家とは限らず、その休職者をずっと診ていたわけでもありません。これに対し、主治医は専門家であり、その休職者を継続して診てきた一方で、会社の業務については詳しくありません。また、主治医は休職者の希望に沿った内容の診断書を書くリスクも全くないとは言い切れません。会社は、休職者が提出した主治医の診断書や意見を参考にしつつ、復職の可否の判断がどのようになされたのかを必要に応じ主治医に問い合わせたり、産業医の意見も聞いたりして、総合的に復職の可否を判断する必要があります。

　会社は、復職可との判断をしたら、厚生労働省が作成した「心の健康問題により休業した労働者の職場復帰支援の手引き」（2004年10月作成、2009年３月改訂）に従い、以下の項目について検討し、その従業員の職場復帰を支援するためのプランを作成するとよいでしょう。

完全治癒の前に軽易な業務などで様子をみつつ復帰する、いわゆる「リハビリ勤務」の場合、このような支援プランを作ることは特に重要です。

【職場復帰支援プランを作成する上で必要なこと】

・復職日

・業務のサポート、業務内容や業務量の変更、段階的な就業上の配慮、治療上必要な配慮など、管理監督者による就業上の配慮

・配置転換や異動、勤務制度変更の可否や必要性など、人事労務管理上の対応

・産業医などによる、安全配慮義務や復帰支援に関する意見

・管理監督者や産業保健スタッフによるフォロー、就業制限解除時期、すべての就業上の配慮や医学的観察が不要となる時期の見通し

・体調管理、リハビリ制度、外部資源の利用など

　復職後は、短時間勤務、時間外労働や深夜労働の制限、出張制限などの就業上の配慮がプランどおり実施されているか、適宜確認しましょう。また、再発のサインがないか、定期的に面談をして治療状況を確認し、必要に応じ、プランの見直しも行いましょう。

第2章　ハラスメント対策Q&A　153

Q23 パワハラ加害者に行う懲戒処分

パワハラの加害者に懲戒処分を行う場合、どのような
ことに気をつければよいですか

解 説

懲戒処分に先立ち事実確認をしっかり行うこと、懲戒手
続にのっとった処分を行うこと、処分後の継続的なフォ
ローや加害者以外の関係者のケアなどに気を付ける必要が
あります。

1 懲戒処分に関する規定

パワハラの加害者に懲戒処分を行う場合、これに先立
ち、①パワハラ行為が禁止されること、②禁止されるパワ
ハラ行為の内容、③パワハラ行為を行った場合に適用され
る懲戒処分などについて、就業規則その他の服務規程に定
めておく必要があります。

2 事実関係の確認

また、懲戒処分に先立って、まずパワハラの事実関係を
正確に確認する必要があります。行為者から話を聞く際
は、被害者や事実確認への協力者に対する行為者からの報

154

復措置が厳に禁じられることを必ず明確にします。必要に応じ、弁護士など外部の第三者の協力を得て調査を行います。

3 懲戒手続の遵守

　就業規則その他の服務規程で懲戒処分を行う際の手続が定められている場合は、その手続に従う必要があります。例えば、懲戒処分に先立って労働組合との事前協議や賞罰委員会での討議などが必要とされている場合、それらの手続を経ずに行われた懲戒処分は、無効とされる可能性があります。そのような手続が定められていない場合も、加害者本人には弁明の機会を与えなければなりません。パワハラの事実が確認された場合、加害者には、調査により確認した事実関係に対する会社の考え方を説明しましょう。その際、加害者の言動の問題点をよく説明し、理解を得るようにします。

4 懲戒処分と並行して行う措置とその後のフォロー

　懲戒処分を行うだけでは、パワハラに対する対応としては不十分です。事案に応じ、加害者と被害者の隔離、指揮命令系統の変更、加害者に対する個別の研修、加害者や被害者との定期的な面談によるモニタリングなど、継続的なフォローも重要です。

第2章　ハラスメント対策Q＆A　**155**

Q24 パワハラの事実が確認できなかった場合の対応

パワハラの訴えはあったものの、調査した結果、パワハラの事実が確認できなかった場合、被害者や加害者にどう対応すべきですか

解説

　同様のトラブルが再び発生しないよう、防止策を講じる必要があります。

　パワハラの訴えがあり、事実関係の調査を行ったものの、事実関係がはっきりと確認できないことがあります。また、事実関係は確認できたものの、それがパワハラだと評価できない場合や判断が難しい場合もあります。このような場合、パワハラに当たらないとして、何も対応策を取らないと、事態が悪化する場合があります。

　この場合、大事なことは、パワハラに当たるかどうかを決めることではありません。放置すれば、今後も同じ当事者間で同じようなトラブルが発生する可能性があるため、再発しないよう防止策を講じることこそが重要です。

　再発防止策を検討するためには、行為者の行動や発言にどのような問題があったのかを探ります。パワハラはコミュニケーションが足りない職場で多く発生しているという

調査結果も示しているように、相談者の側にも何らかの問題があるケースもあります。その場合は、相談者の行動や発言にどのような問題があったのかも考えます。

そして、その状況ではどのような行動を取ればよかったのかを行為者や相談者にフィードバックし、理解してもらいます。行為者と相談者の状況を把握するため、両者から定期的にヒアリングを行うなどして、再発しないようモニタリングすることも重要です。このように再発防止策を取る姿勢を示すことは、パワハラの訴えを受けた会社が真摯に対処していることを当事者に理解してもらい、会社の対応に対する無用の反発や失望感を避ける上で、とても大事です。

Q25 会社からの加害者や被害者への 弁護士紹介

加害者や被害者が会社へ「会社の顧問弁護士を紹介してほしい」と述べた場合、紹介してよいですか

解 説

加害者との関係では、会社と加害者の間に利害の対立がないことが明らかといえるような場合を除き、顧問弁護士の紹介は避けたほうがよいでしょう。被害者との関係では顧問弁護士の紹介はできないと考えられます。理由は、下記のとおりです。

1 加害者に会社の顧問弁護士の紹介を頼まれた場合

被害者の言い分に全く合理性がなく、会社と加害者の間に利害の対立がないような場合であれば、会社の顧問弁護士を紹介し、会社と加害者双方の代理人とすることも考えられます。このような場合に同じ弁護士が会社と加害者双方の代理人となることは、法律上も禁止されていません。

しかし、会社と加害者の間に利害の対立があるか、潜在的な対立のおそれがある場合、会社の顧問弁護士を双方の代理とすると、事案の内容によっては後日問題が生じる可能性があります。すなわち、会社は被害者に対し、加害者

158

が行った行為について使用者として不法行為上の責任（民法715条）を負うことがあります。これにより、会社が被害者に対して損害賠償を行った場合、会社は加害者に対し、被害者に支払った損害賠償金を求償することができます（ただし、損害の公平な分担の観点から、全額の求償は認められないこともあります）。この求償を行う交渉や訴訟の遂行を、会社が同じ顧問弁護士に委任することは難しいでしょう。弁護士は当事者双方を代理することが禁じられています（民法108条）。

　また、弁護士は、「依頼者の利益と他の依頼者の利益が相反する事件」について職務を行ってはならないこととされています（弁護士職務基本規程28条）。被害者に対する交渉や訴訟の関係で加害者を代理した弁護士が、加害者を相手方として会社の代理で求償を行うことは、その弁護士がその加害者に対して引き続き負っている前の事件の守秘義務の関係からも難しいと思われます。

　したがって、利害の対立があるか、潜在的な対立のおそれがある場合は、顧問弁護士の紹介は避け、顧問弁護士から信頼できる別の弁護士を紹介してもらうなどの対応をしたほうがよいでしょう。

2　被害者に会社の顧問弁護士の紹介を頼まれた場合

　被害者に対して顧問弁護士の紹介をすることは、潜在的

第2章　ハラスメント対策Q&A　159

にも利害の対立がない場合を想定しにくいため、できない
と考えたほうがよいでしょう。被害者は、会社の不法行為
責任や債務不履行責任による損害賠償の交渉や訴訟で会社
の相手方となる場合があり、会社と被害者は常に潜在的な
利害対立の可能性があります。また、弁護士は当事者双方
を代理することが禁じられています（民法108条）。顧問弁
護士は、会社に対し、顧問契約上の善管注意義務や守秘義
務を負っている関係上、事実上も被害者に対し公平性を保
つことは難しいといえます。したがって、被害者に対して
も、顧問弁護士から信頼できる別の弁護士を紹介してもら
うなどの対応をしたほうがよいでしょう。

Q26 パワハラ被害者が損害賠償請求や刑事告訴する場合の会社の関与

パワハラの被害者が加害者に損害賠償請求、刑事告訴などをする場合、会社はどの程度まで関与できますか

解 説

　パワハラが発生した際に、会社が取るべき措置義務の限度を超えて関与することは避けるべきです。

　会社は改正女性活躍推進法上の措置義務に従い、事実関係を迅速に調査・確認し、パワハラの事実が確認できた場合は、事案に応じ、社内規程に従って相談者・行為者への注意や指導、人事異動、懲戒処分などを行わなければなりません。被害者に対しては、そのケースについての会社の考え方や取った措置の内容をフィードバックし、フィードバックに必要な限度で、会社が行った調査で得られた情報などを提供する必要もあるでしょう。被害者に対し必要以上に非協力的な態度は、会社のレピュテーション上、リスクともなりえます。

　しかし、被害者は、会社の不法行為責任や債務不履行責任による損害賠償の交渉や訴訟で会社の相手方となる場合があり、会社と利害が対立する潜在的な可能性が常にあります。この可能性は、被害者の主張するパワハラの事実が

第2章　ハラスメント対策Q&A　161

確認できなかった場合や、事実はあったと認められるものの
のパワハラと評価できない（会社がパワハラと評価しない）
場合などに顕在化してきます。また、このような場合に、
会社が調査の過程で把握した情報を被害者が行う損害賠償
請求や刑事告訴のために提供することは、加害者のプライ
バシーとの関係でも問題となりえます。

　したがって、上記措置義務の限度を超えて、被害者の損
害賠償請求や刑事告訴に積極的な協力をするまでの関与は
不要であり、かつ、避けるべきと考えられます。ただし、
被害者から弁護士の紹介を頼まれた場合に、顧問弁護士を
通じて信頼できる別の弁護士を紹介してもらう程度の関与
は問題ないと思われます。

Q27 「対価型」セクハラの定義

「対価型」セクハラとはどのようなものですか

解 説

　職場で行われる労働者の意に反した性的な言動に対する労働者の対応により、当該労働者が解雇、降格、減給等の不利益を受けることです（平成18年厚生労働省告示第615号）。

　男女雇用機会均等法11条1項は、セクハラの1つとして、「職場において行われる性的な言動に対するその雇用する労働者の対応により当該労働者がその労働条件につき不利益を受け」ることと規定しており、これを対価型セクハラといいます。セクハラ指針（平成18年厚生労働省告示第615号）は、少しかみ砕いた形で、「職場において行われる労働者の意に反する性的な言動に対する労働者の対応により、当該労働者が解雇、降格、減給等の不利益を受けること」と説明しています。

　告示には、対価型セクハラの例として、次のようなものが挙げられています。

第2章　ハラスメント対策Q&A　163

【対価型セクハラの例】

・事務所内において事業主が従業員に対して性的な関係を要求したが、拒否されたため、当該労働者を解雇すること

・出張中の車中において上司が労働者の腰、胸等に触ったが、抵抗されたため、当該労働者について不利益な配置転換をすること

・営業所内において事業主が日頃から労働者に係る性的な事柄について公然と発言していたが、抗議されたため、当該労働者を降格すること

Q28 「環境型」セクハラの定義

「環境型」セクハラとはどのようなものですか

解 説

　職場で行われる労働者の意に反した性的な言動により労働者の就業環境が不快なものとなったため、能力の発揮に重大な悪影響が生じるなど、当該労働者が就業する上でみすごせない程度の支障が生じることをいいます。

　男女雇用機会均等法11条１項は、セクハラの１つとして、「当該性的な言動により当該労働者の就業環境が害されること」と規定しており、これを環境型セクハラといいます。セクハラ指針（平成18年厚生労働省告示第615号）は、少しかみ砕いた形で、「職場において行われる労働者の意に反する性的な言動により労働者の就業環境が不快なものとなったため、能力の発揮に重大な悪影響が生じる等当該労働者が就業する上で看過できない程度の支障が生じること」と説明しています。

　告示には、環境型セクハラの例として、次のようなものが挙げられています。

第２章　ハラスメント対策Q&A　165

【環境型セクハラの例】

・事務所内において上司が労働者の腰、胸等に度々触ったため、当該労働者が苦痛に感じてその就業意欲が低下していること

・同僚が取引先において労働者に係る性的な内容の情報を意図的かつ継続的に流布したため、当該労働者が苦痛に感じて仕事が手につかないこと

・労働者が抗議をしているにもかかわらず、事務所内にヌードポスターを掲示しているため、当該労働者が苦痛に感じて業務に専念できないこと

Q 29 セクハラの行為類型

カラオケでのデュエット強要、酒席で女性従業員の席を上司の横に指定し、お酌をさせる、などはセクハラに当たりますか

解 説

いずれもセクハラに当たりえます。

人事院指針には、セクハラに該当しうる言動として、以下のような具体的な例が列挙されています。

【「セクシュアル・ハラスメントをなくすために職員が認識すべき事項についての指針」における具体例】

一　職場内外で起きやすいもの

（1）　性的な内容の発言関係

ア　性的な関心、欲求に基づくもの

① 　スリーサイズを聞くなど身体的特徴を話題にすること。

② 　聞くに耐えない卑猥な冗談を交わすこと。

③ 　体調が悪そうな女性に「今日は生理日か」、「もう更年期か」などということ。

④ 　性的な経験や性生活について質問すること。

第2章　ハラスメント対策Q&A　167

⑤　性的な噂を立てたり、性的なからかいの対象と
したりすること。
イ　性別により差別しようとする意識等に基づくもの
①　「男のくせに根性がない」、「女には仕事を任せ
られない」、「女性は職場の花でありさえすればい
い」などと発言すること。
②　「男の子、女の子」、「僕、坊や、お嬢さん」、
「おじさん、おばさん」などと人格を認めないよ
うな呼び方をすること。
③　性的指向や性自認をからかいやいじめの対象と
すること。
(2)　性的な行動関係
ア　性的な関心、欲求に基づくもの
①　ヌードポスター等を職場に貼ること。
②　雑誌等の卑猥な写真・記事等をわざと見せた
り、読んだりすること。
③　身体を執拗に眺め回すこと。
④　食事やデートにしつこく誘うこと。
⑤　性的な内容の電話をかけたり、性的な内容の手
紙・Eメールを送ったりすること。
⑥　身体に不必要に接触すること。
⑦　浴室や更衣室等をのぞき見すること。
イ　性別により差別しようとする意識等に基づくもの

168

女性であるというだけで、職場でお茶くみ、掃
　除、私用等を強要すること。
二　主に職場外において起こるもの
ア　性的な関心、欲求に基づくもの
　　性的な関係を強要すること。
イ　性別により差別しようとする意識等に基づくもの
　①　カラオケでのデュエットを強要すること。
　②　酒席で、上司の側に座席を指定したり、お酌や
　　チークダンスなどを強要したりすること。

　また、経団連出版編「セクハラ防止ガイドブック」29、
30頁にも、次のようなレッドカード、イエローカードのセ
クハラの例が多数記載されていますので、ご参照くださ
い。

【セクハラ防止ガイドブックにおける具体例】
レッドカード（絶対に避けるべき言動）
①　雇用上の利益や不利益の与奪を条件に性的誘いか
　け等をする
　・人事考課、配置移動などの配慮を条件にして誘い
　　かける
　・性的要求への服従や拒否によって雇用上の扱いを
　　変える

② 性的な指向などによって人事管理の差別的取扱い
をする

・性的な好き嫌いなどによって雇用上の扱いを不公
平にする

③ 強圧的に性的行為に誘ったり執拗に交際の働きか
けをしたりする

・業務上の指導などの名目にかこつけて個人的な接
触を図る

・性的関係を求める発言を繰り返す

・食事やデートにしつこく誘ったり、嫌がられてい
るのにつきまとったりする（いわゆるストーカー
行為も含む）

④ 相手の身体への一方的な接近や接触を図る

・抱きついたり、腰や胸に触ったりする

・職場で通りかかるたびに逃げようとしても髪や肩
や手を触る

⑤ 性的な言動によって極度に不快な職場環境を作る

・繰り返し性的な電話をかけたり、電子メールを送
ったりする

・職場にポルノ写真やヌードカレンダーを継続的に
掲示する

・性的冗談を繰り返したり、複数の者が取り囲んで
しつこくいったりする

・化粧室や更衣室の前などで胸や腰をじっと見る

・接待においてお酒の酌やデュエットを強要する

・性的魅力をアピールするような服装や振る舞いを強要する

⑥　人格を傷つけかねない性的評言や性的風評をする

・「性的にふしだら」などと悪質な中傷を繰り返す

・私生活上の秘密や個人の性に関するうわさなどを意図的に流す

イエローカード（できるかぎり避けるべき言動）

①　性別による差別的発言や蔑視的発言をする

・女性のみ「ちゃん」づけで呼んだり、「女の子」と呼んだりする

・「女性に仕事は無理だ」「男だったら徹夜しろ」などという

②　性的な言動によって正常な業務の遂行を妨害する

・相手が返答に窮するような性的冗談をいう

・個人的な性的体験談を話したり、聞いたりする

③　性的な言動によって望ましくない職場環境を作る

・肩、髪、手などに不必要に触れる

・休憩時間にヌード雑誌をこれ見よがしに読んだりみせたりする

④　性的に不快感をもよおすような話題作りや状況作

第2章　ハラスメント対策Q&A　171

りをする

- ・任意参加の会合で上司の隣に座ることやお酒の酌を要求する
- ・ある女性と他の女性の性的魅力について比較する

⑤　不必要に相手の個人領域やプライバシーを侵犯する

- ・スリーサイズを尋ねたり、身体的特徴を話題にしたりする
- ・顔をあわせる度に「結婚はまだか」「子供はまだか」と尋ねる

（以上は相手が嫌がっているにもかかわらず反復継続されると、レッドカードになることに注意してください。）

Q30 セクハラの判断基準

セクハラといわれる行為は様々で、人によって感じ方が違うので該当性の判断はやはり難しく感じます。部下からセクハラの相談を受けた際、どのような観点から判断をしたらよいのでしょうか

解 説

被害を受けたとする相談者が女性であれば「平均的な女性労働者の感じ方」を、男性であれば「平均的な男性労働者の感じ方」を基準として、平均的な者であれば「意に反する」といえるものかどうかで判断します。つまり、「労働者の意に反すること」はセクハラの要件の1つとされていますが、受け手が不快に感じれば何でもセクハラになることを意味するわけではありません。

とはいえ、何をもって「平均的な」女性または男性の労働者の感じ方と考えてよいのか、迷う場面も少なくないと思います。その際には、「自分の配偶者や子供が同じことをされたら、自分はどう感じるか」を想像してみてください。そのときに「同じことをされたら嫌だ」と感じた場合には、「平均的な」女性または男性労働者にとって「意に反する」行為である可能性が高いと考え、組織的な対応を

第2章　ハラスメント対策Q&A　173

すべく相談者を説得し、しかるべき部署に働きかけるべき
でしょう。

Q31 拒絶的な態度を示さなかった場合の セクハラ

私がした行為について、部下が「セクハラを受けた」と人事部に相談したそうです。しかし、本人は私に対して全く拒絶的な態度はしていませんでした。それでもセクハラになるのでしょうか

解 説

　相手が拒絶的な態度をしていなかったとしても、セクハラになりえます。

　セクハラの被害者は、加害者との職場における立場やその後の職場環境を慮り、または、加害者に対する恐怖感から、自分が不快と感じる行為に対して必ずしも毅然とした態度で拒絶できないことが少なくありません。したがって、セクハラへの該当性判断にあたって、被害者が拒絶的な態度を示したか否かは決め手にはなりません。

　この点について、職場での理解が進んでいないことが少なくありません。例えば、酒癖が悪くて有名な人から酒席に誘われ「行きたくないな」と思ったとき、その人が大口取引先の重役でも「あなたとは行きたくありません」などと毅然とした態度で断れるでしょうか。大抵の人は、「申し訳ありません。今日は予定があって」などと当たり障り

第2章　ハラスメント対策Q&A　175

のない断り方をし、場合によっては「機会があれば是非今度」などと付け加えることも少なくないのではないでしょうか。セクハラについては、被害者が波風を立てたくない、職場環境を悪くしたくないとの配慮から、明確な拒絶ができないものであるということを、職場における共通の認識としておく必要があります。

Q32 セクハラの対象になる「職場」の範囲

セクハラは「職場」における性的言動ということですが、「職場」にはどの範囲まで含まれますか

解 説

「職場」とは、会社が雇用する労働者が業務を遂行する場所を指し、当該労働者が通常就業している場所以外の場所であっても、当該労働者が業務を遂行する場所は、「職場」に含まれます（セクハラ指針（平成18年厚生労働省告示第615号））。

セクハラの行われる場所である「職場」とは、会社が雇用する労働者が業務を遂行する場所を指し、労働者が通常就業している場所以外の場所であっても、労働者が業務を遂行する場所であれば職場に含まれます。そのため、取引先の事務所や出張先、取引先と打合せをするための飲食店、顧客の自宅、取材先、出張先、業務で使用する車中といった場所も、すべて「職場」に該当することになります。

また、勤務時間外の宴会などであっても、実質上職務の延長と考えられるものは「職場」に該当します。その判断にあたっては、職務との関連性、参加者、参加が強制か任

第2章　ハラスメント対策Q&A　177

意かといったことを考慮して判断することになります（厚生労働省　都道府県労働局雇用均等室「事業主の皆さん　職場のセクシュアルハラスメント対策はあなたの義務です!!」）。例えば、取引先との接待の場や所属部署のほぼ全員が出席する忘年会などの懇親の場は、ここにいう「職場」に該当します。

Q33 セクハラ被害者の保護

セクハラの被害を訴えた従業員を守るために、どのような仕組みがありますか

解 説

　対応にあたっては相談者のプライバシーを保護し、また、被害者が心身の被害を回復できるよう配慮することが必要です。また、会社には、従業員がセクハラを相談したこと、または事実関係の確認に協力したことなどを理由として、不利益な取扱いを行ってはならず（改正男女雇用機会均等法11条2項）、その旨を就業規則などに定め、周知・啓発することが求められています。

　セクハラ指針（平成18年厚生労働省告示第615号）は、セクハラへの対応として、セクハラの被害を訴えた従業員を保護するため、概要、次のような事項を定めています。

【事業主が職場における性的な言動に起因する問題に関して雇用管理上講ずべき措置】

・職場におけるセクシュアルハラスメントが生じた事実が確認できた場合においては、速やかに被害を受けた労働者（以下、「被害者」という）に対する配慮

第2章　ハラスメント対策Q&A　179

のための措置を適正に行うこと

〈措置を適正に行っていると認められる例〉

・事案の内容や状況に応じ、被害者と行為者の間の関係改善に向けての援助、被害者と行為者を引き離すための配置転換、行為者の謝罪、被害者の労働条件上の不利益の回復、管理監督者または事業場内産業保健スタッフ等による被害者のメンタルヘルス不調への相談対応等の措置を講じること

・職場におけるセクシュアルハラスメントに係る相談者・行為者等の情報は当該相談者・行為者等のプライバシーに属するものであることから、相談への対応または当該セクシュアルハラスメントに係る事後の対応にあたっては、相談者・行為者等のプライバシーを保護するために必要な措置を講じるとともに、その旨を従業員に対して周知すること

・労働者が職場におけるセクシュアルハラスメントに関し相談をしたことまたは事実関係の確認に協力したこと等を理由として、不利益な取扱いを行ってはならない旨を定め、労働者に周知・啓発すること

Q 34 セクハラ発生時の対応

セクハラが発覚した場合、被害者にはどのように対応すればよいですか

解 説

　事実調査等に際して被害者の心情やプライバシーに配慮するとともに、被害者が心身の被害を回復できるよう配慮し、また、人事異動などにより就業環境が不快なものとなっている状態を改善します。

　セクハラの相談を受けたときに、どのような対処を行ったらよいかについては、札幌地裁平成22年7月29日判決が明確に述べています。

　これは、国家公務員（自衛官）であった原告が、職場の男性自衛官から性的暴行を受けたこと、また、それにもかかわらず、被害者である原告への配慮を著しく欠いた上司の言動や原告に対する退職強要行為があったとして、国家賠償法1条に基づき、損害の賠償を求めた事案です。

　札幌地方裁判所は、判断の理由中で次のように述べています。

　「公務所は、組織として、性的加害行為に対する泣き寝入りが生じないよう苦情相談体制を整えるよう努めなけれ

第2章　ハラスメント対策Q&A　181

ばならないし、実際に、性的加害行為があったとの申告が
被害者からされた場合、職場を監督する立場にある者（以
下「職場監督者」という。）は、どのような加害行為がさ
れ、これにより被害者がどの程度の被害を受けたのかとい
う事実関係の調査を行った上で、被害の深刻さに応じ、①
被害職員が心身の被害を回復できるよう配慮すべき義務を
負うとともに（以下「被害配慮義務」という。）、②加害行
為によって当該職員の勤務環境が不快なものとなっている
状態を改善する義務（以下「環境調整義務」という。）を負
うし、③性的被害を訴える者がしばしば職場の厄介者とし
て疎んじられ様々な不利益を受けることがあるので、その
ような不利益の発生を防止すべき義務を負う（以下「不利
益防止義務」という。）と解される」

　セクハラ指針（平成18年厚生労働省告示第615号）でも同
様に、被害者に対する配慮のために事業者が取るべき措置
として、例えば、事案の内容や状況に応じ、被害者と行為
者の間の関係改善に向けての援助、被害者と行為者を引き
離すための配置転換、行為者の謝罪、被害者の労働条件上
の不利益の回復、メンタルヘルス不調への相談対応等の措
置を図ることが挙げられています。

　以下、被害配慮義務、環境調整義務、不利益防止義務に
分けて、前記の判決の内容を確認しておきます。

1 調査における被害者への配慮

　セクハラの相談を受けた際に、事実を迅速かつ正確に把握することが何よりも必要なことはいうまでもありません。その際、被害者が女性なら女性が立ち会うなどして、被害者が事実関係を正確にすべて話せるように配慮することが必要です。前記の裁判例でも、被害者の女性に対し多数回の事情聴取がなされましたが、すべて男性によって行われ、女性が一度も立ち会わなかったこともあって被害者が羞恥心からすべてを話さず、その結果初期の段階で事実関係の全容がわからなかったことから十分な対応がなされなかったといった指摘がなされています。

2 セクハラが認められた後の被害配慮義務

　セクハラを受けた被害者は、心身に不調を来すことが少なくありません。そのため、会社は、被害者が心身の被害を回復できるよう配慮する義務があります。前記の裁判例では、被害に遭った後、被害者が婦人科の受診を希望したにもかかわらず、男性上司が付き添うことを使用者が条件としたため、被害者がためらい、すぐに受診できなかったといった事情があり、この点について、国の被害配慮義務違反が認定されています。

3 環境調整義務

　会社には、加害行為によって被害者の勤務環境が不快なものとなっている状態を改善する義務があります。セクハラが認められた場合には、事案に応じ、例えば、加害者・被害者を異動させ、顔を合わせないで済むようにするなどの対応を早急に行うことが必要です。

　前記の裁判例でも、被害者に対する性的暴行は酷いものであり、これによって被害者が受けた被害もかなり深刻なものであって、本件基地の隊員数がそれほど多くなく、行為者と顔を合わせる機会が多い環境であるにもかかわらず、被害者と行為者とを同じ庁舎で勤務させ、また、予定されていた行為者の異動を凍結したことは、職場で性的被害を受けた原告に対する環境調整義務に著しく違反する行為といわざるをえないものと判示されています。

4 不利益防止義務

　性的被害を訴える者がしばしば職場の厄介者として疎んじられ、様々な不利益を受けることがあるため、会社はそのような不利益の発生を防止する義務を負っています。

　前記の裁判例では、任用期限付きの契約であった原告が任用期限を迎えるに際し、本来であれば、上司は、期限を示して継続任用志願書の提出を求めるべきであったのに、

184

必要な手続を敢えて教示せず、かえって、被害者である原告に退職を迫りながら有給休暇の取得を執拗に迫るなどし、さらに、書類上の手続の必要を理由に休暇中の原告を東京から呼び戻し、上官4名が同席する中で退職願の提出を迫っています。こうした一連の行為は、性的被害を訴えた原告を厄介者とし、退職に追い込もうとする露骨な不利益な取扱いであったと指摘されています。

Q35 セクハラ被害者が「そっとしておいてください」といった場合の対応

被害者が「そっとしておいてください」といっていた場合、対応をいったん止めてよいですか

解 説

対応を止めてはいけません。

京都地裁平成13年3月22日判決は、銀行員であった女性が、所属していた店舗の男性支店長から食事に誘われ出向いたところ、レストランで食事をした後に移動したホテルのプライベートルームで、手を撫でられ、無理やりキスされ、着衣の中に手を入れて直接胸を触られるという行為を受け、その後も執拗に食事に誘われたことから、身体、精神に不調を来し、退職せざるをえなかったとして、銀行と支店長に対し、損害賠償を求めた事案において、支店長個人だけでなく、銀行の使用者責任を認めています。

この事案で支店長が行った行為がきわめて悪質であり、被害者の人格権を侵害する不法行為に当たることに異論はないでしょう。問題は、銀行の使用者責任が認められた点です。

実は、この事案で、この銀行が何もしなかったわけではありません。被害者の上司である課長は被害者を親身に心

配し、相談を聞き、被害者のために熱心に動いていました。

しかし、この課長は、被害者から相談を受けた際、自らの上司である次長に報告する旨を被害者に伝えたところ、被害者から「そっとしておいてください。事を荒立てないでください」といわれたことから、上司に報告することもなく、その後も支店長からの誘いを断るのに苦慮する被害者に対して「もっとはっきりと断るように」と指示するのみで、結果として２カ月余りの期間、組織として何らの措置を取ることがありませんでした。

この点について、判例は次のように述べています。

原告（被害者）に必要だったのは、プライバシーや秘密が厳守されるとの安心感のもと、原告の訴えに真摯に耳を傾け、丁寧に話を聞いてくれ、これによって心が整理され、真に自分が望む解決方法を自覚できる相談相手であった。課長の対応の不適切さは、セクシャル・ハラスメント問題について特別な研修を受けたこともない課長としてはやむを得ないものであって、これは課長個人の問題ではなく、銀行（被告）全体のセクシャル・ハラスメント問題への取組姿勢の問題であったというべきである。

銀行は、平成９年９月、本店人事局総務課にセクハ

第2章　ハラスメント対策Q&A　187

ラ相談窓口を設置し、そのことを各管理職に通知したが、銀行内でのセクシャル・ハラスメント問題についての関心の低さもあって、課長は、その窓口のことを知らず（ちなみに、支店長（被告）もそのことを知らなかった）、その窓口に原告に対する対応の方法を相談することも思いつかなかったのである。

銀行本店としては、課長の直訴により支店長（被告）のセクシャル・ハラスメント行為を把握した後、迅速に支店長の処分にこぎつけたと評価できるが、原告からみれば、その処分内容は、微温的でおざなりなものと受け止めざるを得ず、とりわけ支店長が高額の退職金を受け取った後に、予定どおり高給が約束される天下り先に再就職することは我慢できないものであった。

この判決を前提とすると、会社は、被害者から「そっとしておいてください」といわれたとしても、当然に事態を放置してよいわけではなく、被害者から報告された内容が重大なものである場合には、被害者の保護を約束して組織の問題として扱うことを説得し、被害者のプライバシーに配慮しながら事実関係を調査しなければなりません。また、セクハラが判明した場合には、人事異動等の処理を行うほか、事案の軽重に応じた厳然とした処分を行わなくて

はなりません。

　また、窓口を設置していてもこれが十分に周知され、機能していなければ、事業者の義務が尽くされているとはいえないのです。

　なお、本事案では、被害者の上司である課長が、被害者に対し「支店長からの誘いははっきりと断るように」とのアドバイスを行っていますが、この点について被害者は圧力を受けたと感じており、判例も「原告を叱責して新たなストレスの原因を作るのみ」だったとしています。

　被害者は、加害者との職場における立場やその後の職場環境を慮り、また、加害者に対する恐怖感から、自分が不快と感じる行為に対して必ずしも毅然とした態度で拒絶できないことが少なくありません。そのことを理解し、被害者が「事を荒立てずに問題を解決したい」とする姿勢に対し、批判的な言葉をかけることのないよう注意をしたいものです。

第2章　ハラスメント対策Q&A　189

Q36 セクハラ発覚時の加害者への対応

セクハラが発覚した場合、加害者にはどのように対応すればよいですか

解 説

　就業規則等の服務規律に則し、必要な懲戒その他の措置を講じ、併せて事案の内容や状況に応じ、配置転換や被害者への謝罪を求めることが考えられます。

　セクハラ指針は、行為者に対する措置の例として、就業規則その他の服務規律などを定めた文書におけるセクハラに関する規定などに基づき、行為者に対して必要な懲戒その他の措置を講じることや、事案の内容や状況に応じ、被害者と行為者との間の関係改善に向けての援助、被害者と行為者を引き離すための配置転換、行為者の謝罪などの措置を講ずることを挙げています。

　また、場合によっては、男女雇用機会均等法18条に基づく調停その他中立な第三者機関の紛争解決案に従った措置を行為者に対して講じることも考えられます。

Q 37 セクハラ加害者への懲戒解雇

セクハラを行ったことで、懲戒解雇までの処分をする
こともありえますか

解 説

　事案によりありえます。

　セクハラに対する懲戒が紛争となった事案として、最高
裁平成27年２月26日判決があります。

　本件の事案は、次のとおりです。被告会社は、複数の男
性従業員が、それぞれ女性従業員に対し、自らの不貞行為
に関する性的な事柄や自らの性器、性欲について具体的な
話をするなど、きわめて露骨で卑猥な発言等を繰り返し、
女性従業員の年齢や未婚であることなどを殊更に取り上げ
て著しく侮蔑的ないし下品な言辞で女性従業員を侮辱し、
困惑させる発言を繰り返すといったセクハラを行っていた
ことなどを懲戒事由として、会社が男性従業員らに対し出
勤停止の懲戒処分を行うとともに、下位の等級に降格しま
した。これに対し、男性従業員らから会社に対し、上記各
出勤停止処分は懲戒事由の事実を欠き、または懲戒権を濫
用したものとして無効であり、降格もまた無効であるなど
と主張して、出勤停止処分の無効確認や各降格前の等級を

第２章　ハラスメント対策Q&A　191

有する地位にあることの確認等が求められたものです。

　判決は、男性従業員らの行為について「極めて不適切な
セクハラ行為等」であると認定し、会社が男性職員らに対
してした「本件各行為を懲戒事由とする各出勤停止処分は
客観的に合理的な理由を欠き社会通念上相当であると認め
られない場合に当たるとは言えない」から、懲戒権濫用に
は当たらず、処分は有効であるとしています。

　本件事案に照らせば、前記の言辞以上に悪質なセクハラ
行為が行われた場合には、就業規則等の服務規定に従い、
懲戒解雇までの処分を行われることも十分考えられます。

ⓠ38 マタハラの行為類型

マタハラにはどのような行為が該当しますか

解 説

　妊娠・出産したこと、産前産後休業や育児休業などの妊娠、出産、育児などに関する制度や措置（対象制度）を申し出たり、取得したりしたことなどを理由として行われる

・解雇その他の不利益な取扱い
・上司や同僚による制度利用の妨げ
・上司や同僚による嫌がらせ（嫌がらせ的な言動、業務に従事させないこと、または専ら雑務をさせること）

のことをいいます。男性労働者が利用できる対象制度に関しては、男性労働者もマタハラの対象になります。言葉によるものだけでなく、必要な仕事上の情報を与えない、これまで参加していた会議に参加させないなどの行為もマタハラになります。

　例えば、次のような言動がマタハラに当たります。

第2章　ハラスメント対策Q&A　193

1　解雇やその他の不利益な取扱いをほのめかすもの

・女性従業員が産前休業を取る相談を上司にしたところ、「休みを取るなら辞めてもらう」「休みを取るなら降格する」などと上司がいう。

・時間外労働の免除について上司に相談したところ、「次の査定のときは昇進しないと思え」などと上司がいう。

・妊娠を報告した女性従業員に対し、上司が「ほかの人を雇うので早めに辞めてもらうしかない」などという。

2　対象制度の利用の請求や利用をさせないようにするもの

・男性従業員が育児休業の取得について上司に相談したところ、「男のくせに育児休業をと取るなんてありえない」といわれてしまい、取得するのを諦めざるをえなくなった。

・育児休業を取るつもりであることを周囲に伝えたところ、同僚から「自分なら請求しない。あなたもやめたほうがいい」といわれた。「でも自分は請求したい」と再度伝えたが、再び同じようなことをいわれ、取得を諦めざるをえない状況になった。

・妊婦健診受診のため、休暇を取りたいと述べた女性従業員に対し、上司が休暇の申請を取り下げるよう求める。

・深夜のシフトに組み込まないよう会社に請求したい旨を同僚に伝えた女性従業員に対し、「そんな請求はしないほうがいい」などと、その同僚が繰り返し伝える。

・出産した女性従業員が時間外労働の制限を請求したところ、同僚が「みんなに迷惑がかかるからやめたほうがいい」などと繰り返し述べ、請求しないよう勧める。

3 対象制度を利用したことにより嫌がらせなどをするもの

・所定外労働の制限を請求して行っている従業員に対し、上司や同僚が「労働時間に制限があると、大した仕事は任せられない」などと繰り返し、または継続的にいい、その従業員が専ら雑務のみをさせられており、働く上で見過ごせない程度の支障が生じる状況となっている。

・上司や同僚が「自分だけ短時間勤務をしているなんて周りのことを考えていない。迷惑だ」などと繰り返し、または継続的にいい、その従業員が働く上で見過ごせない程度の支障が生じる状況となっている。

4 妊娠等をしたことにより嫌がらせなどをするもの

・上司や同僚が「妊婦はいつ休むかわからないから仕事を任せられない」などと繰り返しまたは継続的にいい、仕事をさせない状況になっており、その女性従業員が働く

上で見過ごせない程度の支障が生じる状況となっている。

・上司や同僚が「妊娠するなら忙しい時期を避けるべきだった」などと繰り返しまたは継続的にいい、その女性従業員が働く上で見過ごせない程度の支障が生じる状況となっている。

・女性従業員が出産したことにより、上司や同僚が繰り返し「周りの負担が増えた」などといい、その女性従業員の就業に悪影響を生じさせる。

　一方、マタハラ指針は、「業務分担や安全配慮等の観点から、客観的にみて、業務上の必要性に基づく言動によるもの」はマタハラに当たらないとしています。そこで、以下のような言動はマタハラに当たりません。

【マタハラに当たらない言動】

・部下に２年間の育児休業を取得したいと相談されたので、職場復帰のタイミングは部下の選択にゆだねつつ「あまり長く休むとあなたのキャリア形成が難しくなるから、早めに復帰してはどうか」と促す。

・従業員が対象制度を利用する期間の業務体制を見直すため、育児休業をいつからいつまで取得するのか上司が確認する。

・同僚が自分の休暇との調整をする目的で休業の期間

を尋ね、変更を相談する。

・上司が、長時間労働をしている妊婦に対して、「妊婦には長時間労働は負担が大きいだろうから、業務分担を見直して、あなたの残業量を減らそうと思うがどうか」と配慮する。

・上司・同僚が「妊婦には負担が大きいだろうから、もう少し楽な業務に変わってはどうか」と配慮する。

・客観的にみて妊婦の体調が悪い場合に、上司・同僚が「つわりで体調が悪そうだが、少し休んだほうがよいのではないか」と配慮する。

　個々の状況に応じ、何がマタハラに当たるかも異なります。制度利用に関する言動でも、例えば切迫早産のおそれがある従業員が予定を早めて至急休業に入りたい旨を申し出た場合、これを拒否することはマタハラに当たります。これに対し、業務状況を考えて、体調の安定している妊娠した従業員が妊婦健診のため休みを申請してきた場合に、「この日は業務の都合上避けてほしい」と上司が変更を打診することは、客観的にみて業務上の必要性に基づく言動によるものですので、マタハラに当たりません。

第2章　ハラスメント対策Q&A　197

Q39 マタハラの原因

マタハラは、どのようなことが原因で発生しますか

解 説

マタハラ発生の原因や背景には、以下のような事情があることが指摘されています。

・妊娠や出産などに関する「否定的な言動」が頻繁に行われるなど、制度等の利用や利用の請求をしにくい職場風土
・制度等の利用ができることの職場における周知が不十分であること

妊娠や出産などに関する「否定的な言動」とは、「他の女性労働者の妊娠、出産等の否定につながる言動」をいい、妊娠、出産等をした女性労働者に対して直接なされる言動に限られません。妊娠や出産、育児などに対する知識や経験のなさからくる何気ない言動も、マタハラにつながります。

マタハラの原因や背景には、業務の負担という要因が大

きく関わっています。つまり、マタハラは、普段から業務の負担が過剰で、妊娠・出産・育児で1人抜けると負担が重くなりすぎる職場で多く発生します。

　妊娠、出産、育児休業などで従業員が対象制度を利用した後のフォロー体制がきちんとしていないことも、マタハラの原因となります。例えば、産前産後休業後に復帰した女性従業員が、仕事を任されず手持ち無沙汰になってしまうというケースが時々ありますが、このような状態を放置すると、手持ち無沙汰にしている女性従業員に対し、「大して働いていないのにお給料だけもらって」などのマタハラ的発言がなされることにもつながります。また、産後に復帰したものの、仕事を任されなくなった女性従業員の存在があると、これから出産することを考えている他の女性従業員が、「出産して復帰すると、自分もああなるのだろうか」と不安を覚え、妊娠や出産を控えてしまい、産前産後休業を取りづらい職場風土が形成されていくことにもなります。そこで、出産後復帰する従業員の上司や所属する部署のメンバーは本人とよく話し合い、復帰後の働き方や適正な業務量・業務内容について決めていくとよいでしょう。周囲の不安を払拭するため、急な休みや早退・遅刻などでその従業員が抜ける場合のフォロー体制を確保しておくことも必要です。

　マタハラの背景には、利用できる対象制度についての周

知・啓発が足りないこともあります。妊娠・出産・育児の負担はとても重いですから、制度の対象となる従業員が、利用できる制度について十分知らないと、「こんな制度があるのを知っていたら、もっと楽だったのに」など、会社に対する不信感やぎすぎすした感情が生まれがちです。また、制度利用の請求を受ける管理職や人事部門の従業員がこれらの制度について十分な知識を持っていないと、制度の対象となる従業員がスムーズに利用することができません。さらに、従業員全般がこれらの制度についてよく知らないと、対象となる従業員が正当な権利行使をしているときに冷たい視線を向けるようなことが起こり、マタハラが発生しやすくなります。制度利用に関するコミュニケーション不足も、マタハラの原因となりえます。妊娠・出産・育児をする従業員は、周囲にかかる負担に配慮し、周囲が業務分担やバックアップ体制を取れるよう、早めに相談し、報告することも大事です。マタハラ指針も、「妊娠等した労働者の側においても、制度等の利用ができるという知識を持つことや、周囲と円滑なコミュニケーションを図りながら自身の体調等に応じて適切に業務を遂行していくという意識を持つこと等を妊娠等した労働者に周知・啓発することが望ましい」としています。

Q 40　マタハラの法的責任

マタハラで実際に責任が認められた事例はありますか

解 説

　あります。

　マタハラの加害者や監督を怠った上司は、民法上の不法行為責任（同法709条）を負い、被害者に対して損害賠償義務を負うことがあります。会社も、組織的なマタハラなどの場合に自ら不法行為責任を負うほか、使用者責任（同法715条）や債務不履行責任（同法415条）を問われ、損害賠償義務を負うことがあります。

　会社が損害賠償責任を負うこととなったケースをいくつかご紹介しましょう。

① 最高裁平成26年10月23日判決

　広島市の病院に理学療法士として勤務していた女性が妊娠中に負担の少ない業務に変更を希望したところ、降格させられ、その後、育児休業から復職した後も降格されたままになってしまったという事案です。女性は、この降格が男女雇用機会均等法に反するマタハラによる不当な扱いであるとして、降格の無効を主張し、病院に損害賠償を請求

第2章　ハラスメント対策Q&A　201

しました。

　最高裁は、妊娠・出産、育児休業などをきっかけに不利益な取扱いを行った場合は，原則として男女雇用機会均等法や育児介護休業法に違反するとし、例外的に不利益な取扱いに当たる場合の基準を述べました。その上で、本件は例外に当たらないとして、女性の降格を無効と判断し、病院に損害賠償を命じました。

②　大阪高裁平成26年７月18日判決

　前年度に３カ月以上の育児休業を取得した男性従業員について、会社が育児休業期間中の不就労を理由として翌年度の職能給を昇給させず、さらに翌々年度の昇格試験も受けさせなかったという事案です。

　裁判所は、昇給を行わなかったことについて、同じく不就労であっても遅刻、早退、年休、労災による休業などは不就労期間に含まれないとされていたことから、育児休業がこれらの欠勤や休暇、休業に比べて不利益に取り扱われているとし、昇格試験を受けさせなかったことと併せて違法と判断して、差額の給与・賞与と慰謝料の支払を会社に命じました。

Q41 マタハラ防止措置

マタハラを防止するためどのような措置が必要ですか

解 説

マタハラ防止のために会社が取るべき措置の具体的な内容について、マタハラ指針では、会社は、マタハラ防止のために以下のような措置を取らなければならないとされています。

【マタハラ防止のために会社が取らなければならない措置】

・マタハラ禁止についての方針の明確化と社内での周知・啓発

・マタハラについての相談体制の整備

・マタハラの相談が発生したときの迅速・適切な対応

・マタハラの原因や背景となる要因を解消するための措置

・マタハラを相談した場合のプライバシー保護や不利益取扱禁止などのルールの周知

第2章　ハラスメント対策Q&A　203

もう少し具体的にみてみましょう。

1　マタハラ禁止についての方針の明確化と社内での周知・啓発

　マタハラの禁止や、禁止されるマタハラ行為、制度利用ができることのほか、マタハラ行為が懲戒規定の適用対象となりうることを明確にしたハラスメントポリシーなどの方針を策定する必要があります。ここには、全従業員を対象としたアンケートなどの結果に基づき、その会社でよく発生するタイプのマタハラや、マタハラの原因となる「否定的な言動」の具体例を示し、従業員に理解しやすいものとすることが大事です。また、策定した方針を社内報、パンフレット、社内ホームページ、掲示板、イントラネットなどで周知させなければなりません。

2 相談体制の整備

　マタハラや妊娠・出産・育児休業などに関する否定的な言動について、従業員からの相談を受ける相談窓口や担当者を設置し、対応マニュアルに沿いつつ、事案に応じて適切・柔軟に対応しなければなりません。窓口をきちんと機能させるため、相談は、マタハラに当たるか微妙な場合や発生のおそれがある場合にも広く受け付け、メールや電話など複数の方法で受けられるようにしましょう。社内に相談窓口を設置する代わりに、外部の機関に相談対応を委託しても構いません。相談に対する会社の判断やその後の対応について、相談者本人にフィードバックすることも大事です。なお、マタハラは、他のハラスメントと複合的に起こることも想定されるため、相談窓口ではマタハラだけでなくセクハラその他のハラスメントの相談も受け付けることを明示するとよいでしょう。

3 相談が発生したときの迅速・適切な対応

　マタハラの相談があった場合は、まず、相談窓口の担当者や人事部門などが事実関係を迅速・正確に確認します。マタハラがあったことを確認した場合は、被害者の職場環境の改善、制度利用ができるようにするための環境整備、被害者と行為者の間の関係改善、行為者の謝罪、被害者の

メンタルヘルス対策措置など、被害者に対する配慮の措置を適正に行わなければなりません。また、行為者に対する懲戒その他の措置、紛争調整委員会による調停その他中立な第三者機関の紛争解決案に沿った措置など、行為者に対する措置も適正に講じる必要があります。さらに、マタハラの事実が確認できたか否かにかかわらず、マタハラ禁止の方針や対象制度利用ができること、マタハラ行為者に対する厳正対処の方針を、社内報、パンフレット、社内ホームページ、掲示板、イントラネットなどに改めて掲載し、マタハラの研修を改めて行うなどして、マタハラの再発防止措置を講じなければなりません。

4 原因や背景となる要因を解消するための措置

マタハラの原因や背景には、業務の負担という要因が大きく関わっています。そこで、妊娠・出産・育児で業務量が減る従業員が出るときには、その従業員が担当していた業務の負担が一部の人に偏るなどして不満が発生しないよう、業務分担の見直しや業務の効率化をすることが大事です。

在宅勤務や時間単位の有給休暇の積極的な活用、フレックスタイム、時短勤務の延長など、多様な働き方を認め、各従業員が自分の選択で普段から柔軟な働き方ができるようにすることも、業務分担の見直しや、業務の効率化につ

ながり、マタハラ防止に有効です。

　ジョブローテーションなどによる多能工化、仕事量の可視化による業務の平準化など、周囲の負担の激増や偏りを避けるため、職場全体でお互いにフォローし合う体制を作ることも重要です。出産後復帰する従業員がいる場合は、上司や所属部署のメンバーを交えて本人とよく話し合い、復帰後の働き方や適正な業務量・業務内容について決めていくとよいでしょう。

　また、社内報、パンフレット、社内ホームページ、掲示板、イントラネットなどで、妊娠・出産・育児をする従業員が利用できる制度について、制度の対象となる従業員だけでなく、全従業員に周知するとともに、妊娠・出産・育児をする従業員に対し、人事部門などから個別に伝えておくとよいでしょう。

　従業員の方も、これらの制度について進んで情報を集め、理解しておくことが大事です。また、自分が妊娠・出産・育児をすることで周囲にかかる負担に配慮し、周囲が業務分担やバックアップ体制を取れるよう、早めに相談し、報告することも大事です。

5 相談した場合のプライバシー保護や不利益取扱禁止などのルールの周知

　マタハラの相談者や行為者のプライバシーを保護するため、プライバシー保護のための措置をあらかじめマニュアルに定め、相談窓口担当者に必要な研修を行い、担当者がそのマニュアルに従って対応できるようにしておくとよいでしょう。また、プライバシー保護の措置が取られていることや、従業員がマタハラの相談をしたりマタハラの事実関係の確認に協力したりしたことを理由に不利益な取扱いをされないことを、社内報、パンフレット、社内ホームページ、掲示板、イントラネットなどで従業員に周知し、従業員が相談をためらわないようにしなければなりません。

Q42 カスハラの定義

最近「カスタマーハラスメント（カスハラ）」という言葉を耳にするようになりましたが、どのようなハラスメントですか

解説

　自社の従業員に対する「顧客や取引先からの暴力、悪質なクレームなどの著しい迷惑行為」が「カスタマーハラスメント」「クレーマーハラスメント」と名付けられ、今後、国や会社の対策が検討される方向性が打ち出されています。

　パワハラ防止法の衆・参議院の附帯決議でもカスタマーハラスメントについての「雇用管理上の配慮」が求められたことを受け2018年３月、厚生労働省が設置した「職場のパワーハラスメント防止対策についての検討会」の報告書は、「顧客や取引先からの著しい迷惑行為」という一項目を設けました。

　報告書では、自社の従業員に対する「顧客や取引先からの暴力、悪質なクレームなどの著しい迷惑行為」について「「カスタマーハラスメント」「クレーマーハラスメント」など特定の名前やその内容を浸透させることが有効ではな

第２章　ハラスメント対策Q&A　209

いか」との意見が検討会で示されたとしています。

　厚生労働省は、2020年春までに、消費者庁や中小企業庁と連携し、カスタマーハラスメント防止のための会社向け指針を策定する方針です。同指針は、会社に対し、①悪質なクレームは「職場のパワハラに値するもの」と認定し、②本人の希望に応じて配置転換ができるようにする、③カスタマーハラスメントの相談窓口を設けたりする、などの対応を要請するものとなると報じられています（日経新聞電子版2019年２月24日記事）。

　報告書では、カスハラが職場のパワハラと異なる面として、予防策を講じることが一般的には困難、顧客には就業規則が及ばない、顧客の要求に応じないことが事業の妨げになる場合がある、などの指摘もなされたと記載されています。

　他方、報告書は、使用者である会社には労働契約に伴う安全配慮義務があり、「一般的には、顧客や取引先など外部の者から著しい迷惑行為があった場合にも……労働者の心身の健康も含めた生命、身体等の安全に配慮する必要がある場合があることを考えることが重要」としました。

Q43 カスハラの原因

カスハラは、どのようなことが原因で発生するのですか

解 説

　消費者の地位向上と権利意識の高まりや過剰サービスによる過剰期待、ITの発展に伴う変化、社会全体の不寛容化などが原因ともいわれています。

　近年、クレーマーやモンスターカスタマーといわれる人が増加しているといわれています。その背景には、「消費者のモラルの低下」や「消費者のサービスへの過剰な期待」、店員が「ストレスのはけ口になりやすい」などといったことが指摘されているようです。

　本来、店員（事業者）と顧客（消費者）の立場は対等であるべきですが、「お客さまは神様」といった言葉もあるように、サービスの付加が製品の差別化の手法でもあり、それが行きすぎてしまっている面は否めません。一従業員がクレームを受けた際に、どこまで言い返してよいのか自分の一存では決めきれないような場合には、ひたすら謝罪して納得を得るまで耐えるということもあるでしょう。

　顧客からの苦情増加の理由について、UAゼンセン流通

第2章　ハラスメント対策Q&A　211

部門全国繊維化学食品流通サービス一般労働組合同盟が行った「悪質クレーム対策（迷惑行為）アンケート調査分析結果～サービスする側、受ける側が共に尊重される社会をめざして～」というアンケートの調査結果では、苦情増加の心理的・社会的背景には、消費者の地位向上と権利意識の高まりや過剰サービスによる過剰期待のほか、インターネットやSNSの普及による模倣的なクレームの量産、携帯電話の普及により冷静さを取り戻す暇なく電話をかけることにつながっていることや、メディアが娯楽的に苦情を取り上げるなど、ITの発展に伴う変化が指摘されています。さらに、高度情報化社会による情報処理の負担や、それに伴う過剰労働などによって精神的にも肉体的にも疲労困憊した人々の怒りの沸点が低下し、社会全体が不寛容になって、ときには不満のはけ口として苦情を訴える人なども現れ始めているとの指摘がされています。

Ｑ**44** カスハラの問題点

カスハラはなぜ問題なのですか

解 説

　カスハラは、対応する従業員に多大な精神的ストレスを
与え、会社にも民事上・刑事上の責任が発生する場合があ
るためです。

　高水準のサービスの提供を求められるのが「当たり前」
で、どういう対応をすべきか十分な研修がなかったり、自
分の一存ではどういい返してよいか判断ができなかったり
する従業員は、どんな不合理なクレームであっても、罵詈
雑言を吐かれたような場合でも、相手が「お客さま」であ
るという理由で、ひたすら耐え忍ばなくてはならないと思
い、必死に受け止めようとすることがあります。そのこと
が多大なストレスとなることは想像に難くないでしょう。
こうした精神的ストレスは、ひいては、感情麻痺や疲労感
や抑うつ感といった症状につながるおそれもあります。

　このようなカスハラを会社が放置してしまうと、従業員
に対する安全配慮義務違反等による損害賠償責任が成立す
る可能性があるため、一定の対策を検討する必要がありま

第2章　ハラスメント対策Q&A　213

す。なお、カスハラを行った顧客には不法行為による損害賠償責任（場合によっては刑事責任）が成立することがあります。

　そうはいっても、カスハラの問題は、顧客が絡んで生じる問題であるため、会社にとって、従業員の教育だけではどうしようもない面があります。ここがカスハラ問題の難しいところです。

Q45 カスハラの態様

どのような行為がカスハラに当たりますか

解 説

　カスハラについて法令上の定義はありませんが、厚生労働省が設置した「職場のパワーハラスメント防止対策についての検討会」の報告書では、従業員に対する職場外部の者からのハラスメントについて、「顧客や取引先からの著しい迷惑行為」と説明しています。

　例えば、暴言や暴力、脅迫・威嚇・強要行為、長時間の拘束や繰り返し行われるクレーム、不当な金品の要求、セクハラ行為、SNSでの誹謗中傷などがあります。これらの行為が度を越すと、刑法上の暴行罪や脅迫罪、強要罪、業務妨害罪、不退去罪、信用毀損罪などに当たることもあります。

　「暴言や暴力」は、例えば、「グズグズするな、だからこの店はだめなんだ」「地獄へ落ちろ」などの発言や、胸倉をつかむ、突き飛ばすなどの行為です。

　「脅迫・威嚇・強要行為」は、例えば、「上司が家まで謝りに来い」「ネットで流してもいいのか」「誠意をみせろ」

第2章　ハラスメント対策Q&A　**215**

「お前がこの店にいられなくなるようにしてやる」などと脅迫する行為、「大声で怒鳴る」などの行為、無理やり土下座をさせる行為などです。

「長時間の拘束や繰り返し行われるクレーム」とは、延々と繰り返し苦情を述べ、対応する従業員を長時間にわたり拘束するなどの行為です。その従業員が他の業務を行う時間を阻害するばかりか、他の従業員や他のお客さまの迷惑にもなることがあります。

「不当な金品の要求」とは、満足できなかった商品やサービスに対して、返金や賠償金、見舞い金などの金銭を要求する行為です。クレームをつけるのにかかった時間に対して、金銭を要求するなどの極端なケースもあります。また、受けたサービスの支払を拒否するなどの悪質な例もあります。

「セクハラ行為」とは、例えば、従業員の胸を触ったり抱きついたりするなどの行為です。

また、「SNSでの誹謗中傷」とは、商品やサービスに対するクレームをネットで公開したり、従業員に対してクレームをつける様子を面白半分に撮影し、ネット上で拡散したりする行為などです。「ネットで流してやる」などと脅して不当な要求を通そうとするケースもあります。対応した従業員の実名がネット上でさらされ、プライバシー侵害などの問題が生じる場合もあります。

Q46 カスハラと正当なクレームの違い

カスハラと正当なクレームとは、どのように区別すればよいですか

解 説

　セクハラ行為や暴力、脅迫行為などの明らかに違法なものはカスハラに当たるといってよいでしょう。判断が難しいのは、顧客や取引先が、対価に見合わない商品やサービスに対し苦情を伝えたり、会社側の落ち度について訴えたりするなど、正当な理由があってクレームをいう際に、伝え方や態度が度を越してしまったような場合です。

　正当な要求とカスハラを区別することは難しいですが、パワハラと同じように考えるとわかりやすいかもしれません。パワハラでは、「業務上必要な指導」であって、「業務の適正な範囲」に収まるかどうかがパワハラ該当性の判断基準の１つとなります。これと同じように考えると、商品の不具合やサービスの悪さ、会社の落ち度などについて伝えるために「必要な苦情」であって、その態様が、苦情を伝える手段として「適正な範囲」に収まっているかどうかが、カスハラに該当するか否かを判断する目安と考えることができます。例えば、洋服を買った顧客が１年後に「サ

第2章　ハラスメント対策Q&A　217

イズが合わなかった」などといって明らかに着用した後の服を返品してきた場合などは、商品自体に不具合があったり売った会社に落ち度があったりしたわけではありませんので、そもそも「必要な苦情」に当たりません。また、売った洋服が破れていた場合に、これを伝えることは「必要な苦情」ですが、その伝え方として、返金や交換を求めるだけでなく、「店に足を運ぶのに交通費がかかったから５万円払え」「自宅まで手土産を持って店長が謝りに来い」などの要求をすると、苦情を伝える手段として「適正な範囲」を超えますので、カスハラに当たると考えてよいでしょう。

Q47 カスハラへの対応

お客さまから理不尽とも思えるクレームが入り、誠意を尽くして謝罪したにもかかわらず、許してくれないばかりか、ますますクレームがエスカレートしてしまいました。どのように対応すればよいですか

解 説

悪質クレーマーに対しては、会社の危機対応部門、弁護士、警察などと連携して、排除するための行動を取る必要があります。

一般的に「お客さまを大切にする」「顧客満足度を高める」ということがビジネス上の重要な価値観とされており、「お客さまは神様です」という言葉もあります。それ自体は、ビジネス倫理としても、自社が競合他社に勝ち抜いていくためにも重要です。

しかし、お客さまも自社従業員もあくまで対等・平等の人間です。お客さまと会社の間には「お客さまは適正な対価を支払う」「自社は対価に見合った商品・サービスを提供する」という契約関係があるにすぎず、お客さまは自社従業員の人格を支配できる関係にはないという当然の前提を忘れてはなりません。

第2章 ハラスメント対策Q&A　219

お客さまの対価に対して適正な商品・サービスを提供した場合や、当初商品・サービスに不十分な面があったとしても埋合せを行った場合は、お客さまにはそれを超えてさらに過剰な要求をする、エスカレートして、脅迫、恐喝、業務妨害を行う権利はありません。

　脅迫、恐喝、業務妨害はれっきとした犯罪であり（刑法222条、249条、233条）、民法上の不法行為です。「お客さま」がそのような行為を行った場合は、「神様」などではなく、自社や自社従業員を攻撃する「犯罪者」「不法行為者」であり、「自社の役職員を犯罪者、不法行為者から守る」ことが会社としての最優先課題となった、と捉えるべきです。会社には、労働契約に伴い従業員の安全に配慮すべき義務があるからです。

　2020年春までに策定される厚生労働省のカスタマーハラスメント指針では、悪質なクレームは「職場のパワハラに値する」と認定するという対応を会社に要請するとされており（日経新聞電子版2019年2月24日記事）、上記の考えに合致するといえるでしょう。

　「会社に毎日10回電話がかかってきて、1回当たり約1時間同じことで非難し続ける」「営業店に来店して怒鳴り散らし続ける」といった行為は、刑法上の業務妨害罪、頼んでも退店しなければ不退去罪に該当する可能性が高いといえます（刑法233条、130条後段）。

自社従業員が説得してもそのような行為を中止しない場合は、上記犯罪の現行犯として、警察に逮捕を求めるか説得の支援をしてもらうなどして、排除することが必要になることもありえます。

Q48 カスハラの防止措置・教育

カスハラを防止する措置として、どのようなものがありますか

解 説

　カスハラへの円滑な対応を行うマニュアルの策定を含む体制の整備や、クレーム対策の教育、従業員の保護措置、消費者等に対する啓発活動などがあります。

　顧客や取引先には就業規則など会社の規範が及ばず、また、顧客や取引先の要求に応じないことが事業の妨げになる場合があることなどから、例えばパワハラやセクハラに対する予防策とは異なり、カスハラを防止するために一企業ができることには一定の限界があります。

　とはいえ、会社には、労働契約に伴い従業員の安全に配慮すべき義務もありますので、顧客や取引先などからの著しい迷惑行為があった場合にも、会社は、従業員の心身の健康を含めた生命・身体の安全に配慮しなければなりません。悪質なクレームは個人では対応できないので、対応者がトラブルを1人で抱え込み、心身の健康を害することにならないよう、組織的な対応が求められます。

　まず、顧客や取引先とのトラブル発生時の対応について

定め顧客・取引先対応マニュアルを策定し、研修などにより繰り返し従業員に周知させることが必要です。従業員には、ガイドラインの内容のみならず、トラブルを1人で抱え込まず上司に相談・報告させることを徹底しましょう。

　また、顧客や取引先とのトラブルから従業員を守る手段を複数持っておくことは、従業員との信頼関係の観点からも大事です。例えば、トラブルについて相談できる窓口を設けること、顧客とのやりとりを録音しておくことなどが考えられます。録音していることを顧客にも明確にしておくことで、無用のトラブルを防止することにもつながります。

　同じ顧客や取引先が特定の従業員に対し、集中的に迷惑行為を行うようなケースでは、従業員本人の希望に応じ配置転換させるなどの措置も検討するとよいでしょう。

　さらに、実際に発生した事例や対処方法について随時、情報を共有し、個々のケースを蓄積していく仕組みを作ることも重要です。相談窓口に寄せられた事例を定期的に共有するなども1つの方法です。

　カスハラに遭ったときに、行為者に対する法的手段を取る際の弁護士費用などを保障する保険も登場していますので、これに加入しておくことも会社の防衛策として考えられます。

　なお、カスハラ防止には、顧客や取引先の意識改革も重

第2章　ハラスメント対策Q&A　223

要です。「おい、生ビール」と注文すると生ビール1杯千円、「生1つ持ってきて」と頼むと500円、「すいません。生1つ下さい」だと380円とした上で、「お客さまは神様ではありません。また、当店のスタッフはお客さまの奴隷ではありません」などと張り紙をして話題になった居酒屋がありましたが、「お客さまは神様ではありません」「当社はお客さまと同じように、従業員も大事にしています」などのポスターを掲示することも一案です。悪質クレームなどのカスタマーハラスメントが多発したような場合には「悪質なクレームには毅然として対処します」「悪質なクレームは犯罪です」などの張り紙により、悪質なクレームが場合により犯罪となりうるとの認識を広く持ってもらう方法も考えられます。

Q49　カスハラに対応するための社員教育

カスハラに対応するため、社員にどのような教育をすればよいですか

解　説

　パワハラやセクハラとは異なり、カスハラを行うのは社外の人間であるため、ハラスメントの行為者に対して教育を行うことができません。そのため、従業員側に対する教育が重要性を持ちます。カスハラの被害に遭いにくい対応ができるよう、従業員を教育していくということです。

　まず、顧客や取引先に対する対応マニュアルの策定は必須です。マニュアルがあると安心感を持って対応することができます。同じようなクレームには同じ基準で対応することも大事ですから、例えば、暴言・暴力型、脅迫・威嚇・強要型、長時間拘束型、不当な金品要求型など、クレームの種類ごとに基本対応を定めておくと使いやすいでしょう。カスハラはもはや社会現象といえるほど広がった企業共通の悩みですから、同業他社とあらかじめ協議し、足並みを揃えることも効果的かもしれません。他社でも同じ対応をするとわかっていれば、「お前のところの商品はもう買わないぞ」などのクレームにも安心して対応できま

第2章　ハラスメント対策Q&A　225

す。

　また、「お客さまは神様ではない」こと、サービスにはコストが発生すること、毅然とした対応により会社のブランドイメージを守ることも大事であること、悪質クレーマー以外のお客さまを大事にする時間が重要であることなどを常に頭に置いておくよう、マニュアルに記載するとともに、研修などで徹底するとよいでしょう。

　顧客や取引先からの迷惑行為に遭ったら、マニュアルに基づく対応をするだけでなく、上長に報告することも周知徹底しておくことが非常に重要です。悪質なクレームは一個人で対応しきれない場合がありますので、普段からまめにコミュニケーションを取り、報告できる人間関係を構築しておくことが大事です。

　なお、カスハラは、女性や経験の浅そうな若い従業員などに対して多く行われる可能性があります。このため、カスハラ対策の教育や研修は、パートやアルバイトなどの非正規雇用の従業員を含むこのような従業員に対しても行うようにしましょう。

Ｑ**50** ハラスメント防止体制の不備による役員の責任

どのような労働法違反やハラスメント行為をすると、会社だけでなく役員個人が損害賠償責任を負いますか

解 説

　残業代不払い、パワハラ、過重労働、解雇権濫用などの行為を行った場合、会社だけでなく、そのような問題の発生を認識しながら防止するための十分な対策を取らなかった役員にも、会社法上の役員の対第三者責任（同法429条）に基づく損害賠償責任が認められることがあります。

　以下、具体的にご紹介します。

1　過重労働とパワハラの十分な防止策を取らなかったことにより役員が損害賠償責任を負った事例

ステーキ店事件（東京地裁平成26年11月4日判決）

　ステーキ店の店長が、2年9カ月の間、1日当たり12時間30分以上の長時間労働をし、休日もほとんどない状態で勤務させられたほか、上司が以下のようなパワハラを行い、

・「馬鹿だな」「使えねえな」「遅刻したら5,000円または1万円をもらうぞ」などの「社会通念上相当と認められ

第2章　ハラスメント対策Q&A　227

る限度を明らかに超える」暴言を吐いた

・尻、頭、頬をたたくなどの暴行をした

・店長がアルバイトの女性と交際していたところ「別れたほうがいい」といい、携帯電話番号を交換していたことを知って暴行を加えるなどの「プライバシーに対する干渉」をした

・数回にわたり、発注ミスや仕込みをしていないことを理由として、休日であることを認識しながら呼び出し、数時間仕事をさせた

・客が「服にガムがついたからクリーニング代を払え」と電話をかけてきた際に、個人でクリーニング代を支払わせた

・店長が朝礼で雑誌の感想をいえなかったところ、「馬鹿野郎、早くいえよ」などといってたたいた

　このケースでは店長が自殺し、会社と役員は、毎月1回の店長会議で各店舗、店長の個別の状況をある程度把握でき、売上報告書により社員の労働時間の把握は可能で、朝礼において上司が暴言・暴行を行ったことを認識または認識しえたにもかかわらず、代表取締役が「社員の長時間労働や上司によるパワハラ等を防止するための適切な労務管理ができる体制を何ら執っていなかった」「何ら有効な対策を採らなかった」という不作為を認定して、会社だけでなく、代表取締役個人にも逸失利益、慰謝料、弁護士費用

など合計約5,800万円の損害賠償責任が認められました。

2 十分な過重労働防止策を取らなかったことにより役員が損害賠償責任を負った事例

(1) タクシー会社事件（神戸地裁尼崎支部平成20年7月29日判決）

71歳のタクシー運転手が6カ月間で1カ月当たり平均49〜89時間の時間外労働をし、公休にも出勤を繰り返し、2勤務日または3勤務日にわたってしばしば連続勤務していた結果、脳梗塞となり、後遺症でほかの就労もできなくなったケースがあります。

このケースでは、定期健康診断受診状況、労働時間申告状況などに照らして、健康状態、労働時間を容易に把握できたにもかかわらず、代表取締役が公休出勤制限や時間外労働制限などにより適正な労働条件を確保すべき義務を怠ったとされ、会社だけでなく、代表取締役個人に、後遺障害逸失利益、医療費、弁護士費用など約1,160万円の損害賠償責任が認められました。

(2) 居酒屋事件（大阪地裁平成22年5月25日判決。大阪高裁平成23年5月25日判決を経て、平成23年5月25日上告棄却・不受理決定により確定）

居酒屋の24歳の従業員が4カ月の間に1カ月当たり88時間〜284時間の時間外労働をした結果、急性左心機能不全

により死亡したケースでは、

・時間外労働1カ月100時間を6カ月にわたって可能とする時間外労働に関する労使協定（36協定）を締結していたことから、長時間労働など「労働者の労働状態について配慮していたものとは全く認められない」「適切な措置をとる体制をとっていたものとはいえない」

・36協定や給与体系は、会社の基本的な決定事項として取締役らが承認していたことは明らか

・それに基づいた長時間労働が行われていることを「十分認識しえた」

との理由により、代表取締役、取締役2名（人事担当、店舗担当）が逸失利益、慰謝料、弁護士費用など約4,000万円の損害賠償責任を負うとされました。

(3) そば・うどん店事件（大阪地裁平成30年3月1日判決。控訴中）

そば・うどん店の店長が新規開店後、82日間休みなく働き、1カ月当たり100時間以上の時間外労働の結果、うつ病を発症し、自殺に至ったケースもあります。

代表取締役と取締役それぞれ1名が、「従業員の労務管理の業務を行うにつき、過重な長時間労働等により従業員が心身の健康を損なうことがないよう、適正に労働時間等の管理を行い、従業員に長時間労働が生じたときは直ちにこれを是正するための社内体制を構築する義務を負ってい

た」が「是正する措置を取らなかった」として、死亡による逸失利益、慰謝料、葬祭料、弁護士費用の合計約7,000万円の損害賠償責任が認められました。

3 その他労働法違反の十分な防止策を取らなかったことにより役員が損害賠償責任を負った事例

(1) ホテル会社事件（大阪地裁平成21年1月15日判決）

「ファッションホテル」運営会社が、従業員8名に対する約90万〜255万円の残業代を支払わなかったケースもあります。

このケースでは、

・代表取締役は、時間外手当に当たる「職務手当」が給与規程の趣旨どおりに運用されているか否か及びその給与規程の趣旨がホテルにおいて周知されているか否かについて十分注意すべき義務があり、運用されていない、周知されていないことを認識することはきわめて容易だった

・他の取締役、監査役も、会社に未払割増賃金の支払をさせる機会はあった

以上の理由により、会社だけでなく、代表取締役、取締役、および監査役個人にも、上記残業代相当額の賠償責任が認められました。

⑵　産業廃棄物分別会社事件（東京地裁平成23年 5 月30
　　日判決。控訴中）

　産業廃棄物分別会社が、合理的な理由なく団体交渉に応
じないという不当労働行為を行い、従業員を解雇したケー
スでは、代表取締役には「不当労働行為に及ばないように
注意すべき義務があった」にもかかわらず「これに反し
て」従業員らに損害を生じさせたとして、会社だけでなく
代表取締役にも慰謝料相当額として、従業員 5 名へそれぞ
れ 5 万円、 1 名へ40万円の損害賠償責任が認められまし
た。

おわりに

　本書のあらましやQ&Aでは解説しませんでしたが、以下の３つのテーマも今後のハラスメント対策を考える上で重要です。

1　公益通報者保護法の改正の動向

　公益通報者保護法が制定された際の附則２条では、「政府は、この法律の施行後5年を目途として、この法律の施行の状況について検討を加え、その結果に基づいて必要な措置を講ずるものとする」と定められていました（同法附則２条）。

　2006年４月１日に施行されて既に13年以上が経過していますが、まだ一度も実質的な内容についての改正がされておらず、研究者、実務家、その他専門家からは批判されています。

　そのような状況の中、本書執筆時点では、2018年12月、消費者庁が設置した消費者委員会　公益通報者保護専門調査会の「公益通報者保護専門調査会報告書」が①保護される通報者の範囲拡大、②通報対象事実の範囲拡大、③不利益取扱いをした事業者に対する行政措置、刑事罰などの検討結果を公表して、改正へ向けて以下の３つの論点を示しています。

おわりに　233

⑴　**保護される通報者の範囲拡大**

　主要な点を挙げると、まず、公益通報をしたとして保護される通報者の範囲は、現行法２条２項では「労働者」に限られていますが、これでは保護対象者の範囲が狭すぎるのではないかとの批判がありました。

　そこで報告書では、労働者に限定せず、退職者、役員などを含めるべきであるとしています（13〜15頁）。また、取引先事業者、過去に役員や取引先事業者であった者などについては「今後、必要に応じて検討を行うべき」としています（15〜16頁）。

⑵　**通報対象事実の範囲拡大**

　現行法２条３項では、最終的に刑罰の対象となる事実の通報だけが「公益通報」として保護されることとされていますが、これでは刑罰の対象とならないハラスメントや行政処分対象事実を通報しても保護されないことになってしまい、この点も狭すぎるのではないかとの批判がありました。

⑶　**不利益取扱いをした事業者に対する行政措置、刑事罰**

　現行法３条、４条では、公益通報者に対して解雇などの不利益取扱いをした場合、解雇や労働者派遣契約の解除が無効になる、という民事的な効果しかありません。

　そこで、報告書では、より実効性を持たせるために「不利益扱いをした事業者に対する行政措置を導入すべき」「助言、指導を行うほか、勧告を行い、勧告に従わない場

合には公表を行うことができることとするべきである」と
しています。

　他方、刑事罰については「導入することについては、今
後、必要に応じて検討すべきである」としています。

2　社外への公益通報に対する会社の危機対応

　ハラスメント、労働法違反をメディア、行政など社外へ
公益通報された場合、会社として以下の対応を行っていく
必要があります。

・危機対策本部の設置
・事実関係の把握
・情報管理の対策本部の一元化
・調査結果を踏まえた再発防止策の策定、実行
・調査結果、再発防止策を踏まえた社会への説明

　労働法違反やハラスメントの横行などがマスメディアや
行政など社外へ公益通報された場合、会社が行政処分や刑
罰を受けたり、「ブラック企業」というレッテルを貼られて
レピュテーションが低下し、今後の優秀な人材の採用に困難
を来したりするなど、会社経営に大きな悪影響が生じます。

　そのため、悪影響を最小限にするための危機管理が重要
となります。

　まず、企業価値低下の回避に全社的に取り組む観点か
ら、経営トップ、関係部署、法務部門、広報部門などが参

おわりに　235

加した「危機対策本部」を設置し、危機対応業務の指揮命令系統を一元化する必要があります。経営陣、法務部門などがそれぞれ別々に対応を指示すると、緊急性が高いにもかかわらず非効率な調査・対応となり、調査・対応に矛盾が生じるなどのおそれがあるからです。

次に、メディアや行政への通報が事実かどうかを確認する必要があります。事実でないのであればそのことを行政や社会へ説明し、誤解を解く必要があります。また、ハラスメントの通報内容が事実でなかった場合、加害者とされた人がいわば「冤罪」を着せられることとなり、重大な人権侵害となりかねないことに注意が必要です。危機管理本部が、関係部署から調査チームを選抜し、調査に当たらせることになるのが通常ですが、誤った事実認定に基づき「冤罪」を生まないためにも、事実認定の専門家である弁護士を参加させたり、アドバイスを受けたりしながら進めることが望まれます。

また、行政やメディアから事実関係や会社の対応についての照会、問合せ、取材などが入ることが想定されますが、会社の各部門が統一的でない回答を行うと、会社としての対応・方針に矛盾が生じ、より混乱が増すリスクがあります。例えば、経営陣、法務部門、広報部門がそれぞれバラバラに異なった情報をマスメディアに伝えるなどした場合、「何が真実なのか。広報はこういっているから経営

陣はうそをついているのか」など社会の不信感がより高まってしまう可能性があるからです。照会、問合せなどが入った場合は、各部門で勝手に回答せず、危機対策本部へ回すよう、周知徹底する必要があります。

調査結果を踏まえ、労働法違反、ハラスメントなどが事実であると判明した場合は、判明した労働法違反、ハラスメントの実情を踏まえ、それに即した再発防止策を策定する必要があります。社内規程の改正、違反防止のための教育・研修の実施、違反者に対する懲戒処分の実施などが考えられます。

また、関係者のプライバシー、今後の就労への影響、会社経営への影響などを考慮し、公表するのかしないのか、公表する場合、どこまで公表するのかなどの経営判断を行う必要があります。この点についても、危機管理を専門とする弁護士その他専門家と十分に協議・検討して決定する必要があります。

3　日本版司法取引との関係

「合意・協議制度」、いわゆる「日本版司法取引制度」（日本版司法取引）を導入した改正刑事訴訟法が2018年6月1日に施行されました。この制度では、犯罪行為者が他人の犯罪行為についての情報を検察に提供した場合に、検察側が裁量により、それと引換えに不起訴にしたり、軽い求

刑を行ったりすることになります。（刑事訴訟法350条の2〜350条の15）。

　労働法上も罰則規定はあります。例えば、就業最低年齢の規制違反については、1年以下の懲役または50万円以下の罰金刑が定められています（労働基準法56条、118条1項）。

　しかし、日本版司法取引は、薬物犯罪・銃器犯罪・経済犯罪での利用を想定して立法されたため、労働基準法違反も含めた労働法違反は日本版司法取引の対象となる犯罪に含まれていません（刑事訴訟法350条の2、刑事訴訟法350条の2第2項3号の罪を定める政令）。

　もっとも、労働法違反と日本版司法取引は一切関係がないわけではありません。

　日本版司法取引の対象となる犯罪には刑法上の犯人蔵匿罪（刑法103条）、証拠隠滅罪（同法104条）が含まれているため（刑事訴訟法350条の2第2項5号）、刑罰対象となる労働関係法令違反があった場合に、違反者その他の会社関係者などが犯人をかくまったり、犯行の証拠を隠滅したりすると、司法取引の対象となるリスクが発生します。

　ハラスメント対策を行うためには、多くの法令やガイドラインに目配りすることが必要ですが、本書がその一助となれば幸いです。

　2019年8月

著者一同

〈巻末資料〉

・「事業主が職場における性的な言動に起因する問題に関して雇用
管理上講ずべき措置についての指針」（平成28年厚生労働省告示
第314号）（セクハラ指針）
https://www.mhlw.go.jp/file/06-Seisakujouhou-11900000-
Koyoukintoujidoukateikyoku/0000133451.pdf
・「事業主が職場における妊娠、出産等に関する言動に起因する問
題に関して雇用管理上講ずべき措置についての指針」（平成28年
厚生労働省告示第312号）（マタハラ指針）
https://www.mhlw.go.jp/file/06-Seisakujouhou-11900000-
Koyoukintoujidoukateikyoku/0000133452.pdf
・「子の養育又は家族の介護を行い、又は行うこととなる労働者の
職業生活と家庭生活との両立が図られるようにするために事業主
が講ずべき措置に関する指針」（平成21年厚生労働省告示第509
号）（マタハラ指針）
https://www.mhlw.go.jp/file/06-Seisakujouhou-11900000-
Koyoukintoujidoukateikyoku/3_0701-1s_1.pdf

あらましと Q&A でわかるハラスメント対策

2019年10月10日　第1刷発行

編著者　大橋　さやか
著　者　大下　良仁・北川　展子
　　　　澁谷　展由・宗宮　英恵
発行者　加藤　一浩

〒160-8520　東京都新宿区南元町19
発 行 所　一般社団法人　金融財政事情研究会
企画・制作・販売　株式会社きんざい
　　出 版 部　TEL 03(3355)2251　FAX 03(3357)7416
　　販売受付　TEL 03(3358)2891　FAX 03(3358)0037
　　　　　　　URL https://www.kinzai.jp/

DTP・校正:株式会社友人社／印刷:奥村印刷株式会社

・本書の内容の一部あるいは全部を無断で複写・複製・転訳載すること、および
　磁気または光記録媒体、コンピュータネットワーク上等へ入力することは、法
　律で認められた場合を除き、著作者および出版社の権利の侵害となります。
・落丁・乱丁本はお取替えいたします。定価はカバーに表示してあります。

ISBN978-4-322-13486-5